INSTRUCTION
DE LA
PROCEDURE
CRIMINELLE,

CONTENANT

Le Modéle de toutes sortes de Devoirs & Procés - verbaux, conformément à l'Ordonnance du mois d'Août 1670.

AVEC

PLUSIEURS ET NOUVELLES OBSERVATIONS.

Par P. J. DE LYS, Commis fermenté pour le Criminel au Greffe du Conseil Provincial & Supérieur d'Artois.

A ARRAS,
Chez LOUIS - FRANÇOIS BARBIER,
Libraire fur la Grand'Place.

M. D. CC. XXXVI.
Avec Approbation & Privilége du Roy.

A·MESSIRE

AMBROISE-ALEXANDRE PALISOT,

Chevalier Seigneur d'Incourt, War-lufel, Aix en Gohelle, Divion &c. Confeiller du Roy en fes Confeils, Premier Préfident & Chef du Confeil Provincial & Supérieur d'Artois.

MONSEIGNEUR,

'EMBARAS où fe trouvent journellement la plûpart des Juges Inférieurs dans l'Inf-truction de la Pro-cédure Criminelle, m'a déterminé à leur faire part des connoiffances que j'y ai

acquises, en travaillant depuis plusieurs années sous les yeux d'habiles
Magiſtrats : J'ai à cet effet recüeilli
les Modéles de tous les Procez verbaux & Actes qu'éxige l'Ordonnance
du mois d'Août 1670. & je les ai
rangés dans le meilleur ordre qu'il m'a
été poſſible : je n'eûs pas plûtôt pris
la reſolution de mettre ce Petit Ouvrage au jour, que je conçûs le deſ-
ſein de vous le préſenter. Souffrez,
MONSEIGNEUR, que je place
à ſa tête Vôtre Illuſtre Nom ; le ſujet
que j'y traite concerne une des plus eſ-
ſentielles parties de l'adminiſtration de
la Juſtice, à laquelle Vous préſidez
avec tant de dignité & de zéle qui
vous y anime à la juſte punition des
crimes, & à protéger l'Innocence op-
primée. Héritier des vertus & du mérite d'un Pere & d'un Frére que Vous
remplacez ſi dignement, vous avez été
choiſi par le plus Grand & le plus
Judicieux des Rois, pour leur ſuccé-
der dans la premiere charge de la
Province ; où comme eux en qualité
de Chef de l'Illuſtre Compagnie qui
diſtribuë la ſouveraine juſtice, vous
aſſurez le repos & la fortune des fa-
milles : comme eux en qualité de Com-

miſſaire du Roy aux Aſſemblées des
Eſtats d'Artois, vous avez l'art ad-
mirable de concilier le bien & le ſou-
lagement des Sujets avec les interêts
du Souverain : comme eux vous faites
depuis près de vingt années le bon-
heur & l'admiration des Peuples de ce
Païs : Quelle joie auſſi n'ont - ils pas
fait éclater, lorſqu'ils ont vû placer
ſur les Fleurs de Lys ce Fils, qui
formé par Vous & ſur vos exemples,
ne laiſſe aucun lieu de douter que s'il
hérite de vos grands emplois, il n'hé-
ritera pas moins de cette integrité &
des riches talens que vous poſſedez,
ainſi que de cette douceur & affabilité
toûjours prevenante, qui accompagnent
toutes vos paroles & vos moindres
démarches. Daignez donc, MON-
SEIGNEUR, agréer les premices
de mon Travail : leur ſeul merite dé-
pend de la protection que je Vous
ſupplie très - humblement de leur accorder. Sous Vos auſpices ce Petit
Ouvrage étendra ſa reputation, &
procurera à ceux qui par leur miniſ-
tére ſont chargez de l'Inſtruction de
la Procedure Criminelle, le moien
de s'en acquitter fidelement, & à
moy l'honneur de Vous réïterer les

assurances du profond Respect & de l'entiere Soumission avec lesquels je suis,

MONSEIGNEUR,

Vôtre très-humble & très-obéïssant Serviteur,
P. J. DE LYS.

PREFACE.

QUOIQUE la Procédure Civile foit très-néceffaire, furtout depuis
que certains hommes,
qu'on peut à jufte titre
qualifier de monftres de
la nature, jaloux de la profperité des
autres, & aiant banni toute bonne
foi, n'ont cherché qu'à les furprendre & à les dépoüiller de ce
qu'ils poffedent légitimement; on
peut dire néanmoins que la Procedure Criminelle eft encore plus
utile, depuis que ces mêmes hommes aveuglés par leurs paffions, &
dépoüillés de tous fentimens d'honneur & d'humanité, en font venus
jufqu'au point d'attenter à la vie,
& de tremper leurs mains dans le
fang de leurs femblables, & quelque fois même de leurs proches,
ou de leurs bienfacteurs. La pre-

miere ne fait que foutenir & pro-
teger les Particuliers dans la paifible
poffeffion de leurs biens; la feconde
empeche qu'on n'opprime injufte-
ment les Innocens , & arrête le
progrès du crime qui innonderoit
bientôt toute la terre, s'il devenoit
impuni : en un mot la Procedure
Civile tend à conferver des biens,
la Procedure Criminelle fert à deffendre l'honneur, la reputation &
la vie même, infiniment plus chers
que toutes les richeffes. C'eft elle
qui donne des regles certaines pour
vanger les opprimés, & pour pu-
nir les coupables avec équité; ces
regles fe puifent dans l'Ordonnance du mois d'Août 1670. laquelle
renferme partie des anciennes Ordonnances fur cette matiere, & fait
la feule & unique Loy que les Juges & autres perfonnes chargés par
leur miniftere de l'inftruction des
Procès Criminels , doivent fuivre
avec la plus grande exactitude, puif-
que l'on ne fçauroit tant foit peu
s'en écarter, fans rifquer de faire
une Procedure vitieufe & irregulie-
re : il eft vrai que ces regles ne
font point d'une facile exécution,

furtout pour certains Juges inferieurs qui n'en ont que peu d'habitude, que les differentes formalités qu'elles prefcrivent, embaraf-
fent, & qui aiment fouvent mieux
laiffer le crime fans pourfuite, que
de s'expofer à faire une Procedure
défectueufe : il eft d'ailleurs très-
difgracieux pour le Juge Superieur
occupé du bien de la Juftice, de fe
trouver dans la néceffité de rendre
des Arrêts qui, en declarant des
Procedures nulles, font quelque
fois nuifibles à la conviction des
Accufés, toûjours mortifians pour
les Juges inferieurs dont l'honneur lui
eft cher, & fouvent onéreux à ces
mêmes Juges. C'eft pour lever leurs
doutes, & leur faciliter le moïen de
s'acquitter avec honneur des fonctions indifpenfables de leur état,
qu'on a mis au jour cette inftruction, auffi utile que néceffaire, pour
proceder avec feureté dans ces épi-
neufes matieres. On y trouvera les
modeles de toutes fortes de Procès
verbaux, pour l'inftruction de telle
Procedure Criminelle que ce foit,
par interprête, comme autrement.
On a crû qu'on devoit y joindre les

Procès-verbaux de queſtion par ex-
tenſion, étant la ſeule en uſage dans la
Province d'Artois : les Commiſſaires , Greffiers , Huiſſiers , ou Ser-
gens y prendront chacun la forme
des actes qui les regardent ; juſques-là
qu'on ne leur laiſſe pour ainſi dire ,
que les noms & la matiere à remplir. Les Medecins , Chirurgiens
& Maîtres Ecrivains y verront pareillement les modeles de leurs Rapports , & ce qu'ils y doivent obſerver. La maniere d'inſtruire un
Procez en matiere de Faux , ſoit incident , ſoit principal , paroîtra à la
verité nouvelle , & bien differente
de celle qu'on a obſervée juſques
ici dans les Sieges inferieurs du
reſſort du Conſeil Superieur d'Artois ; mais il ſuffira que le Lecteur
la rapproche de l'Ordonnance , &
la lui confronte ſans prevention ,
pour demeurer pleinement convaincu qu'elle en eſt l'Eſprit , & que
la route qu'on y tenoit ci-devant
en étoit fort éloignée. L'Auteur
eſpere enfin qu'à l'aide de ce petit
ouvrage , on évitera toutes defec-
tuoſités qui ont donné & donnent
encore journellement matiere à dif-

ferens Arrêts tant du Conseil Superieur d'Artois, que du Parlement
de Paris, qui y font cités ; & qu'on
y trouvera une Méthode facile &
certaine d'inftruire toutes fortes de
Procès Criminels, conformement à
l'Ordonnance qui en eft la regle &
la Loy.

INSTRUCTION
DE LA
PROCEDURE
CRIMINELLE.

CHAPITRE I.

DE LA PLAINTE.

'ON confidére ordinai-
rement trois fortes de
perfonnes dans un Pro-
cez Criminel, fçavoir,
l'Accufateur, l'Accufé
& le Juge : la forme de
l'inftruction de la Procédure Criminelle commence par la Plainte qui

A

est, à proprement parler, l'accusation, laquelle est suivie de l'information, du decret, de l'interrogatoire, des recollement & confrontation des témoins, du dernier interrogatoire, & du jugement diffinitif.

La Plainte est une déclaration faite par celui qui croit être en droit de se plaindre au Juge, de quelque offense, injure, affront, insulte, violence, maltraitement, blessure, attentat, soit à l'honneur, soit à la vie, meurtre, vol, & autres excés & délits commis en sa personne, en ses biens, ou en sa reputation.

Art. 1 2. du Tit 3. de l'Ord. 1670. La Plainte se fait par Requête présentée au Juge competent, ou par Procez verbal tenu par le Juge, & écrit par le Greffier.

Si la Plainte se fait par requête, ainsi qu'il est d'usage tant au Parlement de Paris, qu'au Conseil supérieur d'Artois, il n'est point nécessaire que cette requête soit signée en tous ses feüillets par le Juge & par le Complaignant ; il suffit qu'elle soit signée à la fin par le Complaignant, ou par son Procureur fondé de procuration spéciale & réponduë par le Juge.

Si la Plainte eſt reçûë par le Ju- Art. 4.
dud. Tit.
3.
ge, & écrite par le Greffier, elle doit
être ſignée en tous ſes feüillets par
le Complaignant, le Juge, & le
Greffier ; & ſi le Complaignant ne
pouvoit, ou ne ſçavoit ſigner, on
doit en faire mention : tel eſt l'uſage
du Parlement.

Il faut ici remarquer en parlant
du Greffier, que s'il arrivoit qu'il ne
pût travailler pour cauſe légitime,
comme maladie, parenté, ou autres, on commettroit quelqu'un en
ſon lieu & place, comme il ſera dit
au chapître de l'information.

La Plainte n'a datte que du jour Art. 1.
qu'elle a été répondüe par le Juge :
cette datte eſt infiniment importan-
te, & le motif de ſa fixation eſt
pour conſtater le corps du délit,
pour aſsûrer la plainte en faveur du
Plaignant véritablement grévé, &
éviter une récrimination, pour em-
pêcher qu'on n'aille rendre une plainte tantôt dans une juſtice, tantôt
dans une autre, ou peut-être même
que cette datte fixe l'époque de la
preſcription de vingt ans.

La Plainte eſt un acte ſérieux,
nul acte ſans datte, il n'y a que le

A 2

Juge, ou à son défaut, celui qui en
porte le caractére, qui puisse le rendre juridique par son ordonnance,
& admettre la plainte.

Art. 5. La plainte ne rend point le Plaignant partie civile, il faut qu'il le
déclare formellement par la plainte,
ou par acte subsequent; il le peut
faire en tout état de cause, quand
même le procez seroit instruit, pourvû que ce soit avant le jugement;
à la charge néanmoins audit cas,
de rembourser tous les frais faits par
la partie publique, jusqu'au jour de
sa déclaration.

Le Plaignant peut désister de sa
plainte, ou de l'acte par lequel il
s'est rendu partie civile dans les vingt
quatre heures, par autre acte qu'il
fera signifier à la partie publique, &
même à l'Accusé, si la déclaration
a été faite après le decret porté, &
ne sera tenu des frais faits depuis
ledit désistement; mais après ce delai écoulé, il ne sera pas reçû à désister, & demeurera partie civile
pour répondre des frais & dépens,
& des dommages & intérêts civils
qui pouroient en resulter : bien plus,
quand le désistement de la plainte

auroit été fait dans les vingt-quatre heures, lorſque les accuſations ſont pour des crimes où il échoit peine afflictive ; celui qui déſiſte, devient un ſimple dénonciateur, qui n'eſt à la vérité obligé à aucuns frais, mais il eſt tenu des dépens, dommages & & intérêts en cas de calomnie. La plainte par Requête peut ſe faire en la forme ſuivante.

PLAINTE
Par Requête.

A MESSIEURS........

SUpplie très-humblement tel...... d'une telle .. profeſſion demeurant à ...... ou tel ...... Procureur à .... & ſpécial de tel ..... ſuivant ſa Procuration paſſée pardevant les Notaires tel .... & tel .... le ..... ci-jointe en groſſe ſignée tel ..... & ſcellée ..... diſant que ... . on expoſe le fait & cas dont il s'agit avec leurs circonſtances, & on conclut ainſi...

A ce qu'il vous plaiſe donner acte au Suppliant de ſa plainte, ordon-

ner en conséquence qu'il sera informé des faits y contenus, circonſtances & dépendances, laiſſant à
Monſieur le Procureur du Roy à
prendre dans la ſuite pour la vindicte publique telles concluſions qu'au
cas appartient, quoi faiſans, &c.

Si le Plaignant veut ſe rendre partie civile, on ajoûte après le mot
dépendances, ceux-ci, déclarant qu'il
ſe rend partie civile, avec offre d'ad-
miniſtrer témoins, & requérant qu'il
plût à Monſieur le Procureur du Roy,
lui accorder ſa jonction pour l'information faite & à lui communiquée,
prendre telles concluſions pour la
vindicte publique, qu'au cas appartiendra; ſe reſervant le Suppliant de
former dans la ſuite telle demande
à fins civiles qu'il trouvera convenir.
Quoi faiſant, &c.

Le Juge répond, cette Requête
d'une ordonnance de ſoit communiquée au Procureur du Roy, & vû
ſes concluſions, il rend un jugement,
lequel en donnant acte au Plaignant,
permet d'informer ſur le contenu en
la plainte pardevant les Commiſſaires qu'il dénomme.

Si la plainte eſt reçûë par le Ju-

ge, & écrite par le Greffier, le Procez verbal peut fe faire conformément au modele fuivant.

PLAINTE

Par Procez Verbal.

L'An mil .... le ..... heures
de ... pardevant nous N...... &
N...... accompagnés de tel ......
Greffier de ce Siege, ou de tel ....
pris avec nous pour Greffier, en
chambre de ce Siege, eft comparu
tel .... d'une telle profeffion demeurant à ...... lequel nous a dit
que ...... on rédige le cas & fait
pourquoi il fe plaint avec les circonftances, & puis on met, nous aiant
ledit tel .... requis acte de fa
plainte, & qu'il fut ordonné qu'il
fera informé des faits y contenus,
circonftances & dépendances.

Si le Plaignant veut fe rendre
partie civile, on ajoûte ce qui fuit.

Avec déclaration qu'il fe rend partie civile & offre d'adminiftrer témoins, aiant requis au furplus qu'il
plût à Monfieur le Procureur du Roy
fe joindre à lui pour la vindicte

publique, fe refervant à former dans la fuite telle demande en domma-ges & intérêts qu'il appartiendra, & a figné avec nous, ou & a déclaré ne fçavoir écrire, ni figner de ce interpellé, ou ne pouvoir écrire ni figner à caufe .... on mettra la caufe, comme s'il étoit bleffé, ef-tropié, &c.

On rend un jugement fur cette plainte qui en donne acte & permet d'informer.

Si le Plaignant étoit détenu au lit, & qu'il fallut fe tranfporter chez lui pour recevoir fa plainte, le Procez verbal fe fera commé s'enfuit :

PLAINTE

Par Procez Verbal, lorfqu'on eft obligé de fe tranfporter chez le plaignant.

L'An mil .... le .... telle heure ..., d ..... nous n ..... & n .... à la réquifition de tel ...... demeurant à .... à nous faite par tel ..... qu'il nous plût nous rendre en fa maifon à effet d'y recevoir la plainte qu'il entend porter contre tel ...... à l'occafion

des blessures à lui inferées par ledit
tel .... le ..... nous sommes transporté; accompagnés de tel .....
nôtre Greffier, en la maison dudit
tel .... size à ..... ruë de
...... ou étans, nous avons trouvé
ledit tel .... au lit lequel nous a
dit que .... & le surplus comme au Procez verbal cy-devant.

Si le plaignant n'aiant point déclaré par sa Requête ou par le Procès
verbal, qu'il se rendoit partie civile,
vouloit faire cette déclaration dans
la suite, il la pourra faire par une
nouvelle Requête qu'il présentera à
cet effet, ou par Acte conforme au
modéle suivant.

Acte par lequel le Plaignant déclare
qu'il se rend partie civile.

A La Requête de tel .... demeurant à ...... demandeur
& plaignant suivant sa Requête du
...... ou sa plainte portée au Procés verbal du ...... lequel a élû
son domicile en la maison de tel
.... Procureur à ...... size à
.... ruë de ...... Paroisse
de .... soit signifié & declaré
à Monsieur le Procureur du Roy au-

dit siege : s'il y a decret porté, on ajoute, & à P...... accusé, qu'il se rend partie civile, & entend de poursuivre l'instruction & Jugement du Procès Criminel sur ladite plainte par lui faite contre ledit Accusé, à ce qu'ils n'en ignorent, dont Acte.

Du moment de la signification de cet Acte, la procedure se fera à la Requête du Plaignant, le Procureur du Roy joint.

Si le Plaignant vouloit désister de sa plainte, il le pourroit faire par l'Acte suivant.

Acte par lequel le Plaignant déclare qu'il désiste de sa plainte.

A La Requête de tel ...... demeurant à ...... soit signifié & declaré à Monsieur le Procureur du Roy à ...... & à P...... accusé, si le decret est intervenu, qu'il se désiste de sa plainte, ou de l'Acte signifié de sa part le jour d'hier, déclarant qu'il ne veut pas être partie ni poursuivre ledit P......... sur la plainte par lui faite le .... sauf à mondit Sieur le Procureur du Roy à continuer la poursuite du Procès, & y prendre telles conclu-

fions, qu'il trouvera bon pour l'inte-
rêt du Roy & du Public, offrant
ledit tel ..... de paier les frais
faits jufqu'à ce jour, conformément
à l'Ordonnance, & à ce qu'ils n'en
ignorent, copie de cette leur fera
fignifiée, dont acte.

CHAPITRE II.

Des Procès Verbaux des Juges.

'On appelle commune-
ment Procez verbal une
collection ou rédac-
tion par écrit de ce qui
a été dit verbalement,
mais ici c'eft une defcription & nar-
ration de l'état de la chofe qui forme le corps du délit dans toutes fes
circonftances, comme s'il s'agit d'un
cadavre trouvé, il faut mettre par
écrit le lieu, le nombre & l'état des
bleffures du cadavre, fes Habits,
ce qu'on trouve fur lui, en faire Art. 1.
inventaire, & ne rien omettre de Tit 4.
tout ce qui peut fervir, pour la décharge, ou la conviction.

Art. 2.   Ces sortes de Procès verbaux doivent être dressés sur le champ, & sans déplacer, & peuvent se faire dans la forme suivante.

PROCEZ VERBAL

Des Juges.

L'An mil .... le ...... heures d .... nous n ...... & n .... Commissaires en cette partie, à la Requête du Procureur du Roy, en exécution du Jugement du ..... accompagnés de tel .... nôtre Greffier, nous sommes transportés en tel endroit, ou étans, nous avons trouvé un corps mort ensanglanté & étendu par terre, aiant un habit de ..... de telle ... couleur, on désigne le reste de ses habillemens, & s'il y a quelque arme, comme épée &c. on en fait mention, & puis on continue le Procès verbal comme il suit : & lui aiant fait ôter ses habits, s'y est trouvé ce qui suit, sçavoir dans la poche de ...... telle chose, &c. .... après quoi avons remarqué que le cadavre avoit à tel endroit une ouverture de la largeur de . . . . . . d'où il paroit qu'est sorti tout le sang qui s'est répandu sur le corps & sur les habits: s'il y a plusieurs blessures, on en fait mention l'une après l'autre & de suite: ce fait après avoir apposé le seau de ce siége sur un morceau de cire au front dudit cadavre, nous avons ordonné qu'il sera transporté en la geole des Prisons de ce siége, & que l'habit & les autres habille-mens, qu'on repete, ainsi que telle . . . . telle . . . . . & telle choses trouvées sur lui, seront déposées au Greffe pour servir au Procès ce qu'il appartiendra : ainsi fait les jour, mois, & an que dessus.

Les Commissaires & le Greffier signent ce Procez verbal, lequel doit être remis au Greffe dans les vingt-quatre heures, avec les hardes, Meubles & autres choses. Ce Procez verbal est communiqué au Procureur du Roy, lequel requiert ce qu'il trouve convenir. Art. 1. Tit. 4.

On observe que si l'homicide n'est pas connu, il convient d'exposer le cadavre dans un lieu public, pour en avoir la reconnoissance, si faire se peut, & dans ce cas, on mettra dans le Procès verbal ces mots, nous avons ordonné que ledit cadavre fera transporté en tel ... endroit .... & avons laiſſé à ſa garde tel .... & le reſte comme cy-deſſus. Si quelqu'un le reconnoit, la partie publique pourra, ſur le raport. qui lui en fera fait, le faire aſſigner pour paſſer ſa Déclaration, & dépoſer dans l'information.

CHAPITRE III.

Des Rapports des Medecin & Chirurgien.

Art. 1.
Tit. 5.

IL eſt permis à une perſonne bleſſée de ſe faire viſiter par Medecins & Chirurgiens, leſquels affirmeront leur rapport veritable, qui fera joint au Procez.

Les Parens d'un homicidé peuvent auſſi faire viſiter le cadavre par Medecins & Chirurgiens dont le raport fera pareillement affirmé veritable & joint au Procez.

Le rapport eſt un témoignage que rendent les Medecins & Chirurgiens de ce qu'ils ont vû & reconnu par la viſite, ſuivant la connoiſſance de leur Art.

Le rapport ne doit être affirmé veritable, que lors que la viſite a été faite à la requiſition ſeule du bleſſé, ou des parens du défunt, & ſans Ordonnance de Juge, auquel cas le rapport peut être dreſſé conformément au modéle ſuivant.

RAPPORT

Des Medecin & Chirurgien, après la viſite du Bleſſé, à ſa réquiſition.

L'An mil .... le ..... telle heure d ...... nous n ... . Medecin de la faculté de .... & n .... Chirurgien demeurant à ...... à la requiſition de tel ...... d'une telle profeſſion demeurant à ...... nous ſommes tranſportés en ſa maiſon ſize à .... ruë de .... ou étant, nous avons trouvé ledit tel .... au lit, & avons reconnu que .... on marque l'état

de la perſonne, les endroits où ſe
trouvent les bleſſures, leur largeur,
& profondeur, ſi le bleſſé eſt en
danger de mort, & puis on finit ce
rapport en mettant, croians ſuivant
la connoiſſance de nôtre Art que
leſdites bleſſures ont été inferées avec
un tel inſtrument, de tout quoi nous
avons dreſſé ce préſent rapport de
nous ſigné, que nous certifions veritable, avec promeſſe de le ratifier
où & quand il appartiendra.

Si le bleſſé veut s'aſſurer de la verité du rapport, pour s'en ſervir, ſi
bon lui ſemble, dans la ſuite, l'affirmation pourra en être faite à ſa requiſition pardevant le Juge de ſon
domicile, comme il ſuit.

PROCEZ VERBAL

*D'Affirmation de Rapport pardevant le
juge du Domicile du Bleſſé.*

L'An mil .... le ......
heures d ..... pardevant nous
n. ..... & n. ..... Commiſſaires
en cette partie, en chambre de ce
ſiége, à la Requête de tel ..... demeurant aud ..... ſont comparus.

Me. n . . . . . Medecin de la faculté de . . . . & n . . . . Chirurgien demeurans à . . . . . . lesquels nous ont représenté le rapport par eux dressé, & signé le . . . . ensuite de la visité par eux faite le même jour dudit tel . . . . & à sa requisition, au sujet des blessures à lui inferées le . . . . & après en avoir eu lecture à leur appaisement, & prêté serment de dire verité, ils ont affirmé que leur rapport est sincere & veritable en tout son contenu, & l'ont paraphé avec nous, & ont signé, aiant ledit rapport & le présent Procez verbal été remis audit tel . . . . ainsi fait les jour, mois & an que dessus.

Mais si la plainte est renduë, le Juge du lieu du délit en permettant l'information, ordonnera que le rapport sera affirmé, & à cet effet on fera assigner les Medecin & Chirurgien, par ordonnance de Commissaires, conforme au modéle suivant.

ORDONNANCE

De Commiſſaires pour aſſigner les Medecin & Chirurgien.

DE l'Ordonnance de nous N....
& n........ Commiſſaires en
cette partie, à la Requête du Procureur du Roy, ou de tel ......
partie civile, ſoit par le prémier
Huiſſier, ou Sergent de ce ſiége requis, donnée aſſignation à Me. n...
Medecin & n..... Chirurgien demeurant à .... à comparoir pardevant nous en chambre de ce ſiége
le ..... telle heure .... pour en
exécution du Jugement du ......
affirmer veritable le rapport par eux
dreſſé le ..... de l'état de tel ....
& de ſes bleſſures à ſa requiſition,
aux peines de l'Ordonnance en cas
de défaut, de ce faire & récrire lui
donnons pouvoir fait à .... ce ....

On ſignifie copie de cette Ordonnance avec exploit à témoins, & leſdits Medecin & Chirurgien comparans, on tient le Procez verbal
ſuivant.

PROCEZ VERBAL

D'Affirmation de Rapport.

L'An mil . . . . . le . . . . . heures de . . . . à la Requête du Procureur du Roy, ou de tel . . . . . . partie civile, pardevant nous . . . n & n . . . . Commissaires en cette partie, sont comparus en chambre de ce Siége Me. n . . . . . Medecin de la faculté de . . . . & n . . . . Chirurgien demeurant à . . . . assignés par exploit de l'Huissier, ou Sergent tel . . . du . . . dont ils nous ont fait apparoir, ausquels avons représenté le rapport par eux dressé le . . . . à la requisition de tel . . . . & d'eux signé, contenant l'état de la personne dudit tel . . . . & des blessures à lui inferées, & après en avoir eu lecture à leur appaisement, & avoir prêté le serment de dire verité, ont affirmé ledit rapport sincere & veritable, & l'ont paraphé avec nous & ont signé : ainsi fait les jour, mois & an que dessus.

Si la personne blessée ne s'est pas fait visiter, ou que le Juge trouve à propos d'ordonner une seconde vi-

site, il nommera d'office un Médecin & un Chirurgien, lequel Chirurgien sera du nombre de ceux commis du prémier Medecin du Roy,
s'il y en a sur les lieux, à peine de
nullité du rapport. Ils prêteront serment de bien & fidélement proceder
à la visite, dont sera dressé Procez
verbal.

On observe que s'il arrive qu'il
n'y ait point de Medecin sur les lieux,
il faut nommer deux Chirurgiens,
s'il s'en trouve.

Il se trouve plusieurs Arrêts dans
les Registres du Conseil d'Artois qui
ont déclaré nuls des rapports de cette
nature, faute par les prémiers Juges, d'avoir tenu Procez verbal de
la prestation de serment des Medecins & Chirurgiens, & entre autres
un du douze Avril 1734.

Les Medecin & Chirurgien seront assignés en vertu de l'Ordonnance de Commissaires, suivante.

ORDONNANCE
*Pour Assigner les Medecin & Chirur-
gien pour prêter serment.*

DE l'Ordonnance de nous n...
& n.... Commissaires en cette

partie, à la Requête du Procureur du Roy, ou de tel …. partie civile, soit par le prémier Huiffier, ou Sergent de ce fiége requis, donnée affignation à tel …. Medecin & tel …. Chirurgien demeurant à …. à comparoir en chambre de ce fiége le ….. telle heure, pour en exécution du Jugement du …… prêter le ferment de bien, & fidélement proceder à la vifite dont il s'agit, aux peines de l'Ordonnance en cas de défaut, de ce faire & recrire lui donnons pouvoir. Fait audit fiége le …..

Les Medecin & Chirurgien comparans, on tient le Procès verbal fuivant.

PROCEZ VERBAL

De preflation de ferment des Medecin & Chirurgien.

L'An mil ….. le …… heures d…. à la Requête du Procureur du Roy, ou de tel …., partie civile, pardevant nous n….. & n…. Commiffaires en cette partie font comparus en chambre de ce fiége Me. n.... Medecin de la faculté de .... & n.... Chirurgien demeurans à .... nommés d'office par Jugement du .... pour en exécution d'icelui voir & vifiter tel ... & affignés par exploit du Sergent tel .... du .... qu'ils nous ont repréfenté, lefquels ont fait, & prêté le ferment de bien, fidélement, & en leur confcience proceder à ladite vifite, & d'en dreffer un rapport fincere, & ont figné avec nous. Ainfi fait les jour, mois & an que deffus.

Le rapport peut fe faire dans la forme fuivante.

RAPPORT

Des Medecin & Chirurgien.

L'An mil .... le nous n.... Medecin de la faculté de .... & n.... Chirurgien demeurans à ..... nommés d'office par Jugement de .... du .... à effet de vifiter tel .... après ferment par nous fait & prêté le .... pardevant les Sieurs n.... & n.... Commiffaires, ainfi qu'il eft repris en leur Procez verbal du même jour, nous

sommes transportez en la maison &
domicile de tel .... où étant nous
avons reconnu que ....., on marque l'état de la personne, le nombre & les endroits des blessures,
leur largeur & profondeur, si elles
sont mortelles, avec quel instrument
elles ont été inférées, & autres circonstances; & ils ferment ainsi leur rapport, dequoi nous avons dressé nôtre présent rapport que nous certifions véritable, en foy dequoi nous
avons signé les jour & an que dessus.

Ce rapport se remet au Greffe
pour être joint au procez, sans que
l'on puisse tenir aucun Procez verbal d'affirmation, à peine de cent Art. 2.
livres d'amende contre le Juge.

S'il s'agissoit de la visite d'un Cadavre, soit à la requisition des parens, soit ensuite d'ordonnance de
Juge, on se conformera aux modéles des Procez verbaux & Rapports
contenus en ce Chapitre, en mettant
les mots de Cadavre de tel .... au
lieu de celui, de Blessé; observant
que les Medecins & Chirurgiensau
ront soin de déclarer dans leur rapport si les blessures inferées au Cadavre étoient mortelles, ou non.

CHAPITRE IV.

De l'Information.

INFORMATION est un Procez verbal fait par un Juge à ce commis, & écrit par le Greffier, contenant les dépofitions des témoins, fur les cas & faits dont s'agit, en conféquence de jugement rendu fur requifitoire, ou fur plainte.

Dans les Juftices inférieures, l'Information, ainfi que le refte de la procédure, fe fait pardevant deux Commiffaires, fauf dans les Bailliages où le Lieutenant Général peut informer feul & en fon lieu & place, un feul Homme de Fief; mais pour les interrogatoires, recollemens & confrontations, ils doivent auffi être faits pardevant deux Commiffaires, & ce conformement à l'Arrêt du Confeil d'Etat du 2. Novembre 1700.

L'Information eft fecrete, & eft

la

la baze & le fondement du Procez Criminel ; le Juge doit y vacquer en perſonne avec le Greffier,
ou le Commis à l'exercice du Greffe ;
& s'il arrivoit que ledit Greffier &
ſon Commis ne pouroient travailler
pour cauſe legitime, comme maladie, parenté &c. Il faudroit alors
commettre quelqu'un : c'eſt pourquoi
la partie publique dans cette occaſion donne ſon requiſitoire, par lequel après avoir expoſé que le Greffier ni ſon commis ne peuvent vacquer à l'inſtruction du Procez pour
les cauſes qu'il rapporte, il requiert
qu'il en ſoit nommé un, & qu'il
ſoit aſſigné pour prêter le ſerment,
de bien & fidélement ſe comporter
dans les fonctions de Greffier. On
rend un Jugement conforme au requiſitoire, & le Greffier commis aſſigné prête le ſerment, dont on fait
mention, ſoit au pied dudit Jugement, ſoit par un petit Procez verbal ſeparé.

Ce Greffier doit être âgé de vingt-
cinq ans accomplis, & quand même il auroit foi en juſtice par quelque charge de judicature, ou autre, il
doit toûjours être commis par Ju-
B

gement, & prêter ferment à cet effet.

Art. 1. 2. 3. Tit. 6. La partie publique, ou la partie civile, s'il y en a une, adminiftre les témoins: toutes perfonnes de l'un & l'autre fexe peuvent être témoins en cette matiere, les Ecclefiaftiques tant Seculiérs que Reguliers, ne peuvent fe difpenfer de comparoir & de depofer, & il n'y a pas jufqu'aux enfans au-deffous de l'âge de puberté, qui ne puiffent être reçûs à depofer, fauf en jugeant d'avoir par les Juges tel égard que de raifon à la neceffité & folidité de leur témoignage.

Les témoins font affignés en vertu d'Ordonnance de Commiffaires dont voici le modéle.

ORDONNANCE
Pour affigner les Témoins.

DE l'Ordonnance de nous n... & n.... Commiffaires en cette partie, à la Requête du Procureur du Roy, ou de tel .... partie civile, foit par le premier Huiffier, ou Sergent de ce fiége requis, donnée affignation à tel... tel... tel ... (qui y feront nommez) à com-

paroir en chambre de ce siége le
.... heures d.... & autres jours
suivans, pour en exécution du Jugement du .... deposer verité en
l'information qui sera par nous faite,
aux peines de l'Ordonnance en cas
de défaut, de ce faire & recrire
donnons pouvoir : fait audit siége le
..... les deux Commissaires signent
cette Ordonnance.

S'il arrive qu'un témoin ne com- Art. 3.
paroit point à l'assignation, on tien- Tit. 6.
dra Procez verbal, & on donnera
défaut contre lui, pour le profit duquel il sera condamné en l'amende :
on le fera réassigner. & s'il s'opiniâtre à ne vouloir comparoir, il y
sera contraint par emprisonnement
de sa personne. Si le témoin étoit
Prêtre, Religieux, ou Religieuse,
il ne peut être contraint par corps,
mais après lui avoir ordonné de comparoir & avoir enjoint à ses superieurs de le faire comparoir, s'il re-
fuse de venir deposer, il poura y
être contraint par la saisie du tem-
porel & la suspension des Privileges.
Le Procez verbal se fait comme
il suit.

PROCEZ VERBAL

Contre un Témoin défaillant.

L'An mil ..... le ..... heures
d.... pardevant nous n.....
& n..... Commiſſaires en cette
partie en chambre de ce ſiége, eſt
comparu le Procureur du Roy, ou
tel ..... Procureur de tel .....
partie civile, lequel nous a dit qu'en
vertu de nôtre Ordonnance particuliere du ..... il auroit fait aſſigner
à ce jour, lieu & telle heure tel
.... demeurant à .... par exploit
du Sergent tel .... du .... dont
il nous a repréſenté l'original pour
en execution du Jugement du ....
depoſer verité en l'information par
nous commencée le .... à ſa Requête, à l'occaſion de .... ou à la
charge de tel .... & complices, &
qu'attendu qu'il eſt telle .... heure
ſonnée, & que ledit tel ..... n'eſt
comparu, il requeroit qu'il fut contre lui donné défaut, & pour le profit, condamné en l'amende de ....
& qu'il lui fut enjoint de comparoir
ſur la nouvelle aſſignation qui lui

feroit donnée, à peine d'y être contraint par corps & affigné ......

Surquoi nous Commiffaires fufdits
avons donné Acte audit Procureur
du Roy, ou audit tel .... Procureur dudit tel .... partie civile, de
fa comparution, dire & requifition ci-
deffus, & défaut contre ledit tel ...
non comparant & pour le profit,
le condamnons en l'amende de ....
au païement de laquelle il fera contraint par toutes voies dûës & raifon-
nables, ordonnons qu'il fera réaffigné,
à lui enjoint de comparoir le ....
heures ... à peine d'y être contraint
par emprifonnement de fa perfonne :
ainfi fait les jour, mois & an que
deffus : les Commiffaires fignent ce
Procès verbal.

S'il y avoit plufieurs témoins dé-
faillans affignés au même jour, on
ne doit faire qu'un Procez verbal
contre tous.

Le Témoin comparant pour dé- Art. 4.
pofer, doit prêter ferment de dire 5. 9 11.
vérité, & être enquis de fes nom, 12. Tit.
furnom, âgé, qualité, demeure, s'il 6.
eft parent ou allié, ferviteur ou
domeftique des parties, en quel degré il eft parent, il doit repréfen-

ter son exploit, & on est tenu de faire mention de tout ce que dessus, à peine de nullité de la deposition. Il faut prendre garde de ne point confondre ensemble les mots de serviteur & de domestique, ils ne sont pas synonimes, comme l'ont crû quelques Juges inférieurs, mais ont différente signification.

La déposition étant redigée par écrit, doit être lûë au témoin, lequel déclarera qu'elle contient vérité & qu'il y persiste, dequoi sera aussi fait mention.

Le Témoin, les Commissaires & le Greffier doivent signer à la fin de la déposition, & si le Témoin ne sçait, ou ne veut signer, le Greffier est encore tenu d'en faire mention.

On ne doit jamais faire d'interligne, si on a obmis quelques mots, on les met à la marge par renvois, lesquels renvois le Greffier est tenu de faire signer par le Témoin & les Commissaires, ne suffisant point de les faire parapher, ainsi que plusieurs Greffiers font dans l'habitude de faire.

S'il y a quelques ratures, le Greffier est aussi obligé de les faire approuver par le témoin & les Commissaires.

Les Commissaires doivent cotter & signer chaque page de la déposition; la cotte se met tout au long & non en chiffre.

Si la déposition étant fermée, le Témoin veut ajoûter quelque chose, on couche l'ajoûte de suite, on lui en fait lecture & mention d'icelle est faite, comme aussi qu'il a dit qu'elle contient vérité, & qu'il y persiste.

Il se trouve dans les Regiſtres du Conseil d'Artois plusieurs Arrêts, lesquels ont déclaré différentes informations nulles, faute par les prémiers Juges n'avoir point observé les formalités préscrites par l'ordonnance, telles que de n'avoir point exprimé le mot de Domeſtique, de n'avoir point signé les dépositions, de n'avoir point fait mention de la lecture des ajoûtes, & que les Témoins y persiſtoient, de n'avoir point cotté chaque page tout au long, de n'avoir point fait approuver les ratures & signer les renvois, & autres défectuosités reprises aux Arrêts des dix-neuf Juillet 1713, vingt-quatre

Avril 1719, dix Septembre 1731, & trois Avril 1732.

Par Arrêt de la Tournelle du Parlement de Paris du huit Avril 1702, il a été ordonné d'exprimer le mot de domeſtique, après celui de ſerviteur, à peine de nullité de la dépoſition.

On obſerve que les hommes cottiers, ſuivant la Coûtume générale d'Artois, ne peuvent être commis pour l'inſtruction de la Procédure Criminelle, ſauf dans celle particuliére d'Heſdin, il faut que ce ſoit des Hommes de Fiefs leſquels doivent ſçavoir lire & écrire.

Il ſe voit dans les mêmes Regiſtres deux autres Arrêts l'un du 23. Octobre 1693, qui fait deffenſes à deux Hommes de Fiefs d'une juſtice Seigneurialle de faire à l'avenir aucun Acte de juſtice en cette qualité, attendu leur déclaration de ne ſçavoir lire ni écrire ; mais ſeulement faire leurs ſignatures. Et l'autre du 27. Juin 1732, lequel a déclaré une information nulle, pour avoir été faite pardevant deux hommes cottiers d'un Village prés de la Ville d'Arras.

On procéde à l'Information dans la forme suivante.

INFORMATION.

INformation faite par nous n... & n.... Commissaires en cette partie, à la Requête du Procureur du Roy, ou de tel ....partie civile en exécution du Jugement du .... à l'occasion de ..... ou à la charge de tel .... & complices, à laquelle information avons procedé comme s'ensuit, accompagnés de tel ...... Greffier de ce siége, ou de tel .... pris avec nous pour Greffier, pour l'absence ou empêchement du Greffier.

Du ..... mil ..... heures du matin, ou de relevée pardevant que dessus en Chambre de ce Siége.

Est comparu tel ..... d'une telle profession, demeurant à .... âgé de ..... Témoin assigné pour déposer en la présente Information par exploit du Sergent tel .... du .... qu'il nous a représenté, lequel après serment par lui fait de dire vérité, & sa déclaration de n'être parent, allié, serviteur, ni domestique des parties: s'il est parent, ou allié, on met, sauf qu'il est parent de tel ..... en tel .... degré, ou allié de tel ...... à cause .....

A dit & déposé sur les faits contenus au réquisitoire, ou en la plainte du ..... dont lui avons fait faire lecture, qu'il connoit tel ....., ou ne connoit pas tel ....

On redige la déposition de suite; & s'il y a quelque piece de conviction, on la représente au Témoin, en mettant, lui avons représenté telle chose ..... & le deposant l'aiant examinée attentivement, a dit que ....

On ferme ensuite la déposition par ces mots, qui est tout ce qu'il a dit sçavoir: lecture à lui faite de sa déposition, a dit icelle contenir vérité, y a persisté & signé: s'il ne sçait, ou ne peut écrire, on met, & a déclaré ne sçavoir, ou ne pouvoir écrire ni signer à cause de .... de ce interpellé suivant l'ordonnance; s'il y a quelque rature, on ajoûte, approuvant la rature du mot tel ..... roié en telle ligne de telle .... page de la déposition, & nous aiant requis taxe, lui avons taxé tant ...... pour tant ..... de jours à pied, ou à cheval.

Si le Témoin veut ajoûter quelque chose à sa déposition, onécrit de suite & on ferme l'ajoûte en mettant, lecture faite de l'ajoûte ci-deſſus, il a dit qu'elle contient pareillement vérité, y a perſiſté & ſigné, ou & a déclaré, &c. comme ci-deſſus.

S'il arrive qu'un ou pluſieurs témoins aſſignés n'entendent point la langue françoiſe, on fera aſſigner l'interprête ordinaire, & s'il n'y en a point, la partie publique donnera ſon réquiſitoire expoſitif qu'il a fait aſſigner tel ...., pour depoſer en l'Information, & que ce tel .... n'entendant pas la langue françoiſe, il convient de lui nommer un interprête d'office, lequel ſera aſſigné pour accepter ladite charge, & prêter le ſerment de bien, fidélement, & en ſa conſcience expliquer au Témoin, ce qui lui ſera demandé, & aux Commiſſaires les reponſes qu'il fera, on rend un jugement conforme, & on nomme tel .... pour interprête.

Art. 11.
Tit. 14.
Ordon-
nance de
1670.

S'il y a partie civile, elle donnera ſa Requête aux fins que deſſus.

On obſerve que l'interprête doit être âgé de 25... ans, & que quand même les Commissaires, ou l'un d'eux entendroient la langue du Témoin, ils ne peuvent néanmoins interprêter eux-mêmes.

En conséquence du jugement ci-dessus, l'interprête est assigné par l'ordonnance suivante.

ORDONNANCE
Pour assigner l'Interprête.

DE l'Ordonnance de nous N..... & N..... Commissaires en cette partie, à la Requête du Procureur du Roy, ou de tel .... partie civile, soit par le premier Sergent de ce Siége requis, donnée assignation à tel ..... interprête nommé d'office par jugement du ..... pour expliquer au Témoin, ou aux Témoins, les demandes qui lui, ou leur seront faites, & à nous ses, ou leurs reponses, tant dans l'information par nous commencée le ..... que dans les autres devoirs à faire, s'il y échoit, à comparoir le ..... telle heure en chambre de ce Siége, pour en exécution dudit jugement, accepter ladite charge d'interprête, & prêter le serment de bien, fidélement, & en sa conscience s'acquit-

ter des fonctions d'interprête, de ce
faire & récrire donnons pouvoir :
fait audit Siége le . . . . .

L'Interprête accepte & prête le
serment comme il suit.

PRESTATION
De Serment de l'Interprête.

L'An mil . . . . le . . . . . .
heures d . . . . . pardevant nous
n . . . . . & n . . . . . Commissaires
en cette partie, à la Requête du
Procureur du Roy, ou de tel . . . . .
partie civile, est comparu en chambre de ce siége tel . . . . d'une telle
profession; demeurant à . . . . interprête nommé d'office par jugement
du . . . . pour expliquer au témoin,
ou aux témoins, les demandes qui
lui, ou leur seront par nous faites,
& à nous les réponses qu'il y fera,
ou qu'ils y feront, tant dans l'information par nous commencée le
. . . ., que dans les autres dévoirs
à faire, s'il y échoit, & assigné
par exploit du Sergent tel . . . . .
du . . . . qu'il nous a réprésenté,
lequel a accepté ladite charge d'in-

terpréte, & a prêté le ferment de bien, fidélement, & en fa confcience s'acquiter des dévoirs d'interprête, & a figné avec nous. Ainfi fait les jour, mois & an que deffus.

On procéde enfuite à l'audition du témoin comme il fuit dans le même cahier d'information.

DEPOSITION

Par Interprête.

DU.... mil..... heures d...... pardevant que deffus en chambre de ce fiége.

Eft comparu tel.... témoin affigné pour dépofer en la préfente information par exploit du Sergent tel.... du.... qu'il nous a repréfenté, en préfence duquel eft auffi comparu tel.... interprête nommé d'office par jugement du.... à effet d'expliquer audit témoin les démandes qui lui feront par nous faites, & à nous les réponfes dudit témoin, lequel nous avons interpellé de lever la main; ce qui lui aiant été expliqué par ledit interprête en langue telle...., il a levé la main; lui

avons enfuite dit ces mots, vous
promettez à Dieu de dire verité,
ce qui lui aiant été expliqué par.
ledit. interprête, il a dit, ainſi que
l'a rapporté l'interprête, qu'il pro-
met à Dieu de dire verité, & lui
aiant fait baiſſer la main, l'avons.
enquis de ſes nom, ſurnom, âge,
qualité, demeure, s'il eſt parent,
ou allié, ſerviteur, ou domeſtique
des parties, ce qui lui aiant été expliqué par ledit interprête, il a dit,
ainſi que l'a rapporté l'interprête.
qu'il s'appelle tel.... qu'il eſt d'une
telle profeſſion, qu'il eſt âgé de.
.... qu'il demeure à.... & qu'il
n'eſt parent, allié, ſerviteur, ni domeſtique des parties.

S'il eſt parent, ou allié, on ajoûte, ſauf qu'il eſt parent de tel....
en tel degré, ou allié à tel....
à cauſe de....

Ce fait, avons fait faire lecture
des faits contenus au requiſitoire
du...., ou en la plainte du....
& avons interpellé. ledit témoin,
de nous déclarer ce qu'il en ſçait,
l'interprête les aiant ſucceſſivement
expliqué audit témoin, il a dit ainſi
que l'a. rapporté l'interprête, qu'il.

connoit tel.... ou qu'il ne connoit pas tel.... on rédige fa dépofition de fuite.

S'il y a quelque piece de conviction on la répresente, & on met, lui avons répresenté telle chose, & ledit témoin l'aiant examiné, a dit, ainfi que l'a rapporté ledit interprête, que..... qui eft tout ce que ledit témoin a dit fçavoir, ainfi que l'a rapporté ledit interprête. Lecture faite aufdits interprête & témoin de la dépofition dudit témoin, & la lui aiant ledit interprête expliqué, il a dit ainfi que l'a rapporté l'interprête, que fa dépofition contient verité, & qu'il y perfifte, & ont lefdits interprête & témoin figné, ou & a ledit interprête figné & declaré que ledit témoin ne fçavoit, ou ne pouvoit figner à caufe.... enfuite de l'interpellation que nous avons faite audit témoin, & que lui a expliqué ledit interprête.

S'il y a quelque rature, on ajoute, approuvant la rature du mot tel.... roié en telle ligne de telle page de la préfente dépofition, ainfi que nous l'a rapporté ledit interprête aprés la lui avoir expliqué.

Et nous aiant ledit interprête rapporté que ledit témoin requeroit taxe, nous lui avons taxé tant.... pour tant de jours à pied, ou à cheval.

CHAPITRE V.

Des Decrets.

L'INFORMATION étant faite, ou du moins, aprés avoir entendu quelques témoins, si leurs dépofitions font charge, on la communique à la partie publique, laquelle fe joint lors à la partie civile, s'il y en a une, & fur fes conclufions intervient le decret. *Art. 1. 2. Tit. 10.*

Le decret eft une fentence, jugement, ou arreft portant qu'un accufé eft decreté pour crime ou délit.

Il y a trois fortes de decret, fçavoir d'affigné pour être oui, d'ajournement perfonel, & de prife de corps. Les deux premiers font à peu prés la même chofe, ils tendent l'un & l'autre à obliger l'accufé à fubir interrogatoire fur les faits contenus en la plainte & en l'information, avec cette difference néanmoins que le decret d'affigné pour être oui, n'interdit point de fes fonctions foit l'Officier, foit l'Ecclefiaftique contre lequel il eft porté, au lieu que celui d'ajournement perfonel emporte de droit l'interdiction, du jour de la fignification, de forte que les Juges & Officiers de juftice demeurent interdits, même aprés avoir fubi l'interrogatoire, jufqu'à ce qu'ils aient obtenu un jugement qui leur permette de réprendre leurs fonctions.

Le décret de prife de corps eft le plus rigoureux, non feulement il interdit le decreté de fes fonctions, mais encore il ne fçauroit fe défendre & fe juftifier, fans être actuellement en prifon, & écroué, c'eft ce qu'on appelle être en état.

Les décrets d'affigné pour être oui, & d'ajournement perfonel font fignifiés au decreté à fon domicile ou au lieu de fa réfidence avec affignation à comparoir pour fubir

interrogatoire dans les délais de
l'ordonnance, lesquels feront reglés Art. 4.
Tit. 10.
par le décret fuivant la diftance des
lieux & de la même maniere qu'aux
ajournemens en matiére civile.

Il convient de nommer de nou- Let. circ.
27. Juin
1733.
veau dans le décret, de quelle forte
qu'il foit, les Commiffaires pardevant lefquels l'accufé doit répondre
& le Procez lui être fait & parfait; & il fera libre au Juge d'y en
nommer d'autres que ceux qui ont
vacqué à l'information.

L'exploit d'affignation à un décreté foit d'affigné pour être oui,
foit d'ajournement perfonel, peut
être fait comme il fuit.

EXPLOIT

*D'Affignation à un Decreté d'Affigné
pour être ouï, ou d'Ajournement
Perfonel.*

L'An mil ...... le en vertu du
decret d'affigné pour être oui,
ou d'ajournement perfonel décerné
le .... par .... à la charge de tel
..... & à la Requête de Monfieur
le Procureur du Roy, lequel a élû

son domicile en son Hôtel size à
.... ruë de .... Paroisse de ....
& en la Maison de tel .... size à
.... pour la validité du présent exploit, où à la Requête, de tel ....
partie civile, Monsieur le Procureur
du Roy joint, lequel tel .... a élû
son domicile en la maison de tel
.... son Procureur demeurant à ...
ruë de .... Paroisse de .... & en
la maison de tel ...; size à .....
ainsi que mondit Sieur Procureur du
Roy, pour la validité du présent exploit, j'ai tel .... Huissier, ou Sergent de .... y immatriculé de la
Résidence de .... y demeurant ruë
de .... Paroisse de .... soussigné,
ay donné assignation audit tel ....
demeurant à .... en parlant à ...
en son domicile, à comparoir en
personne le .... en chambre de
.... pardevant .... pour repondre, & proceder aux fins dudit decret, & en outre, ainsi que de raison, s'il y a partie civile, on ajoute-
te, & signifie que ledit tel .... est
Procureur dudit tel .... partie civile, & lui ai laissé parlant que dessus, copie dudit decret, & du présent exploit; le tout fait en la pré-

fence, & affifté de tel ..., & tel
.... journailliers demeurant à
.... ledit tel ..... ruë de .....
Paroiffe de .... & ledit tel .....
ruë de ..... Paroiffe de ..... témoins par moi requis , & mênés
aux fins des préfens devoirs, lefquels
ont figné avec moi.

Si le décreté d'affigné pour être
oui comparoit , il fubira interrogatoire, finon le décret d'affigné pour être
oui, fera converti en décret d'ajournement perfonnel.

Art. 3.
Tit. 10.

ARTICLE PREMIER

*De la converfion du Decret d'affigné
pour être ouï, en decret d'ajournement perfonel.*

LE décretté d'affigné pour être oui
n'étant comparu dans le délai ,
la partie civile, s'il y en a une, finon la partie publique obtiendra le
petit défaut, faute de comparoir au
Greffe, & le délai écoulé interviendra jugement, qui en déclarant le
défaut bien & valablement obtenu ,
pour le profit d'icelui , convertira
ledit décret d'affigné, pour être oui,

en celui d'ajournement perfonel, & ordonnera que l'accufé fera ajourné à comparoir en perfonne dans le délai qui y fera reglé, pour être oui, & interrogé fur les faits refultans des informations, & autres fur lefquels le Procureur du Roy voudra le faire répondre, & il fera condamné aux dépens dudit défaut, & de ce qui s'en eft enfuivi.

Il faut exprimer dans les décrets d'ajournement perfonnel le tître de l'accufation ; la déclaration du Roy en forme d'Édit du mois de Decembre 1680. prononce la peine d'interdiction contre les Juges qui l'auront obmis.

Mais s'il arrive que l'accufé eft malade ou bleffé, de forte qu'il ne puiffe abfolument comparoir, il faut qu'il recourre à l'éxoïne.

ARTICLE II.

De l'Exoïne.

L'Exoine ou excufe, eft une efpece de comparution d'un accufé par Procureur Spécial fondé de procuration, pour l'excufer auprès du

Juge, & obtenir de lui nn délai pour fubir interrogatoire

L'accufé doit faire préfenter fon Éxoïne par Procureur fondé de Procuration Speciale, laquelle fera paffée devant Notaires, & contiendra le nom de la Ville, Bourg, ou Village, Paroiffe, Ruë & Maifon où l'accufé eft detenu, & pour quelles caufes.

L'accufé prendra un certificat, ou rapport d'un Medecin de faculté approuvée, lequel fera joint à ladite procuration.

Par ce rapport où certificat, **le** Medecin doit déclarer la qualité & les accidens de la maladie ou bleffure, & que l'accufé ne peut fe mettre en chemin fans un peril évident de la vie. Il fe retirera pardevant le Juge du lieu du domicile de l'accufé, pour par ferment attefter pardevant lui la verité de fon rapport, dont il fera dreffé Procez verbal, qu'il fignera avec le Juge dans la forme fuivante.

PROCEZ VERBAL

D'Atteſtation de la vérité du Rapport du Medecin.

L'An mil ..... le ..... heures d.... pardevant nous n..... & n.... eſt comparu en chambre de ce ſiége Me. tel ..... Docteur en Medecine de la faculté de ... demeurant à .... lequel après ſerment par lui fait de dire verité, a affirmé que le rapport par lui fait le .... de l'état de la maladie, ou de la bleſſure de tel .... actuellement detenu en tel .... endroit, eſt ſincere eſt veritable, lequel rapport à nous répréſenté & rendu, a été par nous paraphé, & ledit tel .... qui a ſigné avec nous. Ainſi fait les jour, mois & an que deſſus.

On joint ce Procez verbal au rapport & à la procuration, & le tout eſt communiqué à la partie publique & à la partie civile, s'il y en a une, qui ſera tenuë ſur un ſimple Acte de ſe trouver à l'audience, où l'exoïne ſera préſentée & reçuë.

SOM-

SOMMATION

De se trouver à l'Audience pour y voir présenter & recevoir l'Exoine.

A La Requête de tel .... accusé lequel fait élection de domicile en la maison de tel .... son Procureur à .... size à .... ruë de ... Paroisse de .... soit sommé, & interpellé tel .... complaignant de comparoir le ..... telle heure du matin, en chambre de .... pour voir dire, & ordonner que l'exoine présentée par ledit tel .... accusé, sera reçûë, & en consequence qu'il lui sera accordé un délai de ..... pour subir interrogatoire, auquel effet sera donnée copie audit complaignant avec le présent Acte, du rapport fait le .... de l'état de la maladie, ou de la blessure de l'accusé par Me. tel .... Docteur en Medecine de la faculté de ..... demeurant à .... du Procez verbal d'affirmation d'icelui du ..... pardevant les .... & de la procuration dudit accusé du .... contenant son exoine, dont Acte.

On voit évidemment qu'en faisant signifier copie de l'Acte cy-dessus, on donne communication du rapport, du Procez verbal d'affirmation & de la procuration.

En conſequence de cet Acte les parties viennent à l'audience, où l'exoine eſt préſentée, & leſdits parties ouïes, le Juge ordonne que l'exoine ſera rejettée, ou reçûë; ſi l'excuſe, ou exoine eſt rejettée, il accordera un autre délai pour comparoir ſi les cauſes de l'exoine paroiſſent legitimes, & que la partie en convienne, l'exoine ſera reçûë, ſi elle n'en convient pas, le Juge ordonnera que dans tel .... délai, lequel ſera bref, il ſera reſpective-ment informé de la verité de l'exoine & du contenu en icelle, pour ce fait être ordonné ce qu'il appartiendra, & le délai étant expiré, il ſera fait droit ſur l'incident de l'exoine ſur ce qui ſe trouvera produit, & la cauſe ſur l'exoine étant finie, le de-creté comparant ſera tenu de ſubir interrogatoire, & de ſouffrir en per-ſonne toute l'inſtruction du Procès.

On obſerve que l'accuſé eſt encore obligé de recourir à l'Exoine, lorſ-qu'il ne peut comparoir pour ſubir la confrontation, ou le dernier in-terrogatoire.

Si au contraire l'Accusé ne comparoit dans les delais, le pouvant
faire, on convertira le decret d'a-
journement personnel, en celui de
prise de corps.

Art. 4.
Tit. 10.

ARTICLE III.

*De la conversion du decret d'Ajour-
_nement personnel en decret de prise
de corps.*

POur convertir le decret d'ajournement personnel, en decret de
prise de corps, on dressera Procez
verbal à la Requête du Procureur
du Roy, ou de la partie civile, s'il
y en a, conforme au modéle suivant.

PROCEZ VERBAL

*Lorsque l'Accusé ne comparoît pour
subir l'interrogatoire.*

L'An mil .... le ..... telle heure
d.... pardevant nous N.... &
N...... Commissaires en cette partie en Chambre de ce Siége, est
comparu le Procureur du Roy, ou

tel .... Procureur de tel .... Partie
civile, lequel nous a dit qu'en vertu du decret d'Ajournement perfonnel decerné le ..... au Procés Criminel qui s'inftruit pardevant nous à
fa requête, ou à la requête dudit tel
.... à la charge de P..... accufé,
il auroit fait affigner ledit P..... à
comparoir en perfonne à ce jour &
lieu, fuivant l'Exploit du Sergent tel
.... du .... dont il nous a repréfenté l'original, pour être ouï, & interrogé fur les faits refultant des charges & informations, & autres fur
lefquels il auroit voulu, ou ledit
Procureur du Roy auroit voulu le
faire répondre, & qu'attendu que
ledit P..... n'étoit comparu, il requeroit qu'il fut contre lui donné défaut, & pour le profit que le decret
d'Ajournement perfonnel fut converti en decret de prife de corps
& a figné avec nous. Ainfi fait les
jour, mois & an que deffus.

Ce Procez verbal vû, intervient
jugement qui pour le profit du défaut, convertit le decret d'Ajournement perfonnel, en decret de prife
de corps.

ARTICLE IV.

Du decret de prife de corps.

LE Decret de prife de corps foit originaire, foit autre, portera que l'Accufé fera pris & appréhendé au corps, & conduit dans les prifons pour efter à droit, fubir interrogatoire, & repondre pardevant tel .... & tel .... Commiffaires fur les faits refultant des charges & informations & autres fur lefquels le Procureur du Roy voudra le faire ouïr, finon, après perquifition faite de fa perfonne, fera affigné à quinzaine, & par un feul cri public à la huitaine fuivante, fes biens faifis & annotés, & à iceux établis commiffaire & gardien.

Ce decret ne fe fignifie pas avant la capture, car on courreroit rifque de ne jamais arrêter aucun accufé, & par là le crime deviendroit impuni; fi l'accufé peut être appréhendé, le Procez verbal de fon arrêt fe fera comme il fuit.

PROCEZ VERBAL
De Capture de l'Accuſé.

L'An mil..... le ..... en vertu du Decret de priſe de Corps decerné par ..... le .... ſigné & ſcellé, à la Requête de Monſieur le Procureur du Roy, lequel a élû ſon domicile en ſon Hôtel ſis à .... ruë de Paroiſſe de .... & en la Maiſon de tel ..... ſize à .... pour la validité du préſent exploit, ou à la Requête de tel .... partie civile ; Monſieur le Procureur du Roy joint, lequel a élû ſon domicile en la Maiſon de tel .... ſon Procureur, ſize à .... ruë de .... Paroiſſe de .... & en la maiſon de tel ....ſize à ainſi que fait mondit ſieur Procureur du Roy, ... pour la validité du préſent exploit, je tel ..... Sergent de ..... y immatriculé de la reſidence de ..... y demeurant ruë de .... Paroiſſe de .... ſouſſigné, me ſuis tranſporté à..... en la maiſon & domicile de tel ....., où étant j'ai de Par le Roy, arrêté & pris au corps ledit tel .... & l'ai mené &

conduit dans les prifons dudit Siége,
& fait écroue de fa perfonne fur le
Regiftre de la Geolle, en la maniére accoûtumée, & l'ai laiffé à la garde de tel ..... Concierge defdites
prifons, lequel s'en eft chargé, & a
promis de le repréfenter toutes fois
& quantes par juftice fera ordonné,
le tout fait en la préfence & affifté de tel ..... & tel journaliers demeurans à .... ledit tel ..... ruë de
.... Paroiffe de .... & ledit tel ....
ruë de .... Paroiffe de .... & de tel
.... tel .... tel .... & tel .... Cavaliers de la Maréchauffée Royale de
la Réfidence de .... pris & menés
exprés avec moi, lefquels ont figné
ainfi que ledit Concierge, aiant laiffé audit tel .... accufé, copie du
préfent exploit & dudit Decret.

Acte d'Ecroüe de la perfonne de l'accufé.

DU ... mil ..... a été amené és
prifons de ce Siége, & mis en
la garde de tel ... concierge d'icelles
par moi tel ..., Sergent de ..... y
immatriculé de la réfidence de ....
y demeurant ruë de ..... Paroiffe
de .... fouffigné, affifté de tel ....

& tel .... journaliers demeurans
à .... ledit tel .... ruë de ....
Paroisse de .... & ledit tel ....
ruë de .... Paroisse de .... en vertu
du décret de prise de corps decerné
par .... le .... signé & scellé, à
la Requête de Monsieur le Procureur
du Roy, lequel a élû son domicile
en son hôtel sis à .... ruë de ....
Paroisse de ...., ou de tel .....
partie civile, Monsieur le Procureur
du Roy joint, lequel a élû son
domicile en la maison de tel ....
son Procureur, size à .... ruë de ...
Paroisse de .... pour ester à droit, être
oui & interrogé sur les charges &
informations contre lui faites, & lui
ai laissé, parlant que dessus, copie
du present écroüe & dudit décret,
le tout fait en la présence de mesdits
témoins cy-devant nommés, lesquels
ont signé avec moi.

Recommandation sur Decret.

DU .... mil ..... tel .... prisonnier és prisons de .... a été
arrêté & recommandé en icelles par
moi tel .... Sergent de .... y immatriculé de la résidence de .... y demeurant ruë de .... Paroisse de ...

ſouſſigné , en vertu du décret decerné
le .... par ...., ſigné & ſcellé à
la requête de tel .... lequel a élû
ſon domicile en la maiſon de tel...
ſon Procureur, ſize à .... ruë de....
Paroiſſe de .... pour eſter à droit,
& être interrogé ſur les charges ré-
ſultant des informations contre lui
faites à la requête dudit tel .... &
lui ai laiſſé, parlant à ſa perſonne ,
entre deux Guichets deſdites priſons,
copie du préſent écroüe & dudit
décret : le tout fait en la préſence
& aſſiſté de tel ....& tel ....jour-
naliers demeurans à .... ledit tel
.... ruë de .... Paroiſſe de ....
& ledit tel .... ruë de ....Paroiſſe
de ....témoins par moi requis , &
menés exprès eſdites priſons, leſquels
ont ſigné avec moy.

L'accuſé ainſi arrêté ſera interrogé comme il ſera dit au Chapître Art. 2ν.
ſuivant, & ſi le décret de priſe de Tit. 10
corps n'eſt pas originaire, il ſera élar-
gi, aprés avoir ſubi interrogatoire ,
à moins qu'il ne ſurvienne de nouvelles preuves, ſoit par ſa reconnoiſ-
ſance , ſoit par la dépoſition de
nouveaux témoins.

Il faut remarquer qu'on ne peut

décerner prife de corps avant l'information, que pour les trois cas
énoncés en l'Article 8. du titre 10.
& fi un accufé avoit été pris en flagrant délit, ou à la clameur publique,
il faut que le Juge, après l'information, ordonne qu'il fera arrêté &
écroüé, & l'Acte d'écroüe à lui fignifié parlant à fa perfonne, conformément à l'Art. 9. du même titre.
Il fe trouve plufieurs Arréts dans les
Régiftres du Confeil d'Artois, &
entre autres trois rendus les 24. May,
5. Octobre 1729. & 9. Février 1735.
Par lefquels differentes procédures
ont été déclarées nulles, les unes,
parceque les premiers Juges avoient
ordonné que l'accufé feroit écroüé,
& que l'Acte d'écroüe vaudroit prife de corps fans information préce-
dente, & les autres, parce qu'après
l'information il n'y avoit eu aucun
décret, ni jugement portant que
l'accufé feroit arrêté & écroüé, &
l'Acte d'écroüe à lui fignifié. Par ces
mêmes. Arréts il eft défendu aux
Juges de porter aucun décret fans
information préalable, finon dans les
cas énoncés audit Art. 8. & à eux
enjoint de fe conformer à l'avenir à
l'Ordonnance.

On obſerve auſſi que s'il ſurvient
de nouveaux tîtres d'accuſation, ſur
leſquels on ait permis d'informer de
nouveau. Il faut auſſi ſur cette nouvelle information, ordonner que
l'accuſé ſera arrêté & écroüé, &
l'Acte d'écroue à lui ſignifié, parlant à ſa perſonne, quoiqu'il ait
déjà été décreté pour autre tître
d'accuſation, faute de quoy procédure nulle.

CHAPITRE VI.

De l'Interrogatoire.

'INTERROGATOIRE eſt
un acte, par lequel le
Juge interroge l'accuſé
ſur la verité des faits
qui reſultent de l'in-
formation, ou autres
pieces ſecretes, pour ſes reponſes
ſervir à ſa charge, ou à ſa décharge.

Le Priſonnier pour crime doit être
interrogé inceſſament, & l'interroga-

Art. 1. 2.
3. 4. 5. 6.
7. 10. 12.
13. 13. 14.

toire commencé au plus tard dans les vingt-quatre heures de son emprisonnement, afin que n'aiant point le tems de prendre conseil, on puisse plus aisement sçavoir la verité.

Le Juge est tenu de vacquer en personne à l'interrogatoire, dans le lieu, où se rend la justice, ou dans la chambre de la Géole; & ce n'est que dans le cas de flagrant délit, qu'il peut interroger l'accusé dans le premier endroit commode.

La partie publique & la partie civile peuvent donner des memoires pour interroger l'accusé, tant sur les faits portés és informations qu'autres, pour s'en servir par le Juge, ainsi qu'il avisera.

Les accusés doivent être interrogés separement, c'est pourquoi il faut faire autant de cahiers qu'il y aura d'accusé.

L'accusé doit prêter serment avant que de répondre.

Il faut lui représenter les hardes, meubles, pieces, écritures, & autres choses servant à la conviction : il doit parapher lesdits Papiers & écritures avec les Commissaires, & s'il ne veut le faire, on fera mention de la cause de son refus.

Il ne doit y avoir aucune rature, ni interligne, à peine de nullité de l'interrogatoire ; & si l'accufé fait quelque changement, on en fait mention dans la fuite de l'interrogatoire.

Il faut faire lecture à l'accufé de l'interrogatoire avant que de le faire figner, & si les faits fur lefquels on doit l'interroger, font fi nombreux, qu'on ne puiffe finir dans une feule féance, il faut faire lecture à l'accufé à la fin de chaque féance, & le faire figner également, comme en toutes les pages : & s'il ne fçait, ou ne veut figner, il en fera fait mention.

Les Commiffaires font auffi tenus de figner chaque page de l'interrogatoire, & de pareillement les cotter & parapher.

Par Arrêts dudit Confeil d'Artois des 19. Juillet 1713. 24. Avril 1719. 20. Mars 1733. & 9. Juin 1734. plufieurs interrogatoires ont été declarés nuls, pour n'y avoir été fait mention que lecture avoit été faite à l'accufé à la fin de chaque féance, pour les pages avoir été cottées en chifre, & d'autres parce qu'ils étoient cottés par feuillets.

INTERROGATOIRE

Lorsque l'Accusé est prisonnier.

L'An mil .... le .... heures du
matin, ou de relevée, à la Requête du Procureur du Roy, ou de
tel .... partie civile, le Procureur
du Roy joint, nous n ... & n ....
Commissaires en cette partie avons
fait tirer des Prisons, & amener pardevant nous en chambre d'icelles,
ou de ce siége P ..... prisonnier
accusé, & decreté de prise de corps
par jugement du .... lequel après
serment par lui fait de dire verité,
a répondu aux interrogatoires qui lui
ont été par nous proposés de la part
dudit Procureur du Roy comme il suit.

Interrogé de ses nom, surnom,
âge, qualité, demeure & Religion.

A répondu s'appeller tel .... âgé
de .... d'une telle profession demeurant à .... & de la religion ....
interrogé ......
a répondu ......

On continuë de la sorte l'interrogatoire, & s'il y a quelque piece de
conviction, on la représente.

Lui avons repreſenté telle choſe
.... (ſi c’eſt papier & écriture, on
met) qu’il a paraphé avec nous,
ou que nous avons paraphé, ce que
ledit acculé a refuſé de faire parce
que ......
& l’avons interpellé de .....
a repondu .....

A lui repréſenté qu’il ne dit pas
la verité, puiſque.....
a repondu .....
interpellé de nous dire ......
a repondu ......
interrogé s’il n’a jamais été repris
de juſtice?
a repondu ......
interrogé s’il veut ſe juſtifier, & comment?
a repondu ......

Lecture à lui faite du préſent interrogatoire, & de ſes réponſes, il
a dit que ſes réponſes contiennent
verité, y a perſiſté & ſigné, ou &
a declaré ne vouloir, ou ne ſçavoir ſigner, de ce interpellé ſuivant
l’Ordonnance.

Si l’interrogatoire duroit pluſieurs
ſéances à cauſe de la multiplicité des
faits, on ajouteroit, & attendu qu’il
eſt telle heure, nous avons remis la

continuation du préfent interrogatoire à . . . . .

On recommence la féance , comme il fuit, fur le même cahier.

Du . . . . mil . . . . heures d . . . . .

A été de nouveau tiré des Prifons,
& amené pardevant nous en chambre d'icelles, ou de ce fiége P . . . .
prifonnier & accufé, & après ferment par lui réiteré, de dire verité,
avons continué de proceder à fon interrogatoire comme il fuit.

interrogé . . . . .

a repondu . . . . .

On continue ainfi l'interrogatoire,
& icelui fini ont met l'acte de lecture comme cy-deffus.

Si l'accufe n'eft pas prifonnier,
on procede à fon interrogatoire
comme il fuit.

INTERROGATOIRE

*D'un Accufe decreté d'ajournement
perfonnel , ou d'Affigné pour être ouï.*

L'An mil . . . . . le . . . . . heures
d . . . . pardevant nous n . . . . . .
& n . . . . . . Commiffaires en cette par-

tie en chambre de ce siége, est comparu P.... accusé & ajourné à comparoir en personne, ou assigné pour être oui, par Jugement du .... à la Requête du Procureur du Roy, ou de tel ..... partie civile, le Procureur du Roy joint, suivant l'exploit du Sergent tel ..... du .... qu'il nous a représenté, lequel après serment par lui fait de dire verité, a repondu aux interrogatoires qui lui ont été par nous proposés de la part dudit Procureur du Roy, comme il suit.

Interrogé & le reste comme à l'interrogatoire de l'accusé prisonnier cy.devant.

Si l'accusé n'entend pas la Langue Françoise, il faut lui nommer un interprête d'office de la maniere qu'on l'a dit au Chapitre quatriéme, au cas toutesfois qu'il n'y ait pas d'interprête ordinaire. Art. 11. Tit. 14.

L'Interprête prêtera le serment & sera assigné par l'Ordonnance suivante.

ORDONNANCE
Pour assigner l'Interprête.

DE l'Ordonnance de nous n.... & n... Commissaires en cette

partie, à la Requête du Procureur du Roy, ou de tel ..,. partie civile, le Procureur du Roy joint, soit par le premier Sergent de ce siége requis donnée assignation à tel .... interprête nomme d'office par Jugement du .... à P.... accusé, attendu qu'il n'entend pas la Langue Françoise, à comparoir en chambre de ce siége le ..... telle heure, pour en execution dudit jugement accepter ladite charge d'interprête, & prêter le serment de bien, fidélement, & en sa conscience s'acquiter des fonctions d'interprête, de ce faire & récrire donnons pouvoir. Fait audit siége le .....

L'Interprête comparant, on tient le Procez verbal suivant.

PROCEZ VERBAL

De prêtation de serment de l'Interprête.

L'An mil .... le .... heures du matin, ou de relevée pardevant nous n.... & n.... Commissaires en cette partie, à la Requête du Procureur du Roy, ou de tel .... partie civile, le Procureur du Roy joint, eſt comparu en chambre de ce ſiége tel .... demeurant à .... interprête nommé d'office à P.... accuſé par Jugement du .... à effet de lui expliquer les interrogatoires, & autres devoirs qui ſeront par nous faits, s'il y eſchoit, & à nous ſes reponſes, attendu qu'il n'entend pas la Langue Françoiſe , & aſſigné par exploit du Sergent tel .... du .... qu'il nous a repréſenté, lequel a accepté ladite charge d'interprête, & a prêté le ſerment de bien, fidélement & en ſa conſcience s'acquiter des devoirs d'interprête, & a ſigné avec nous. Ainſi fait les jour, mois & an que deſſus.

On procede enſuite à l'interrogatoire comme il ſuit.

INTERROGATOIRE

Par Interprête.

L'An mil .... le .... heures du matin, ou de relevée, nous n.... & n.... Commiſſaires en cette partie, à la Requête du Procureur du Roy ou de tel, partie civile, le Procureur du Roy joint, avons fait tirer des Priſons, & amener pardevant nous en chambre d'icelles, ou de ce fiége P......... prifonnier accufé & decreté de prife de corps par Jugement du ...... en préfence duquel eft comparu tel ... interprête nommé d'office par Jugement du .... ou interprête ordinaire de ce fiége, pour expliquer à l'accufé les interrogatoires cy-après, attendu qu'il n'entend pas la Langue Françoife, & à nous les reponfes dudit accufé, lequel nous avons interpellé en préfence dudit interprête, de lever la main, laquelle interpellation aiant été expliquée à l'accufé par ledit interprête, en langue telle ..... il a levé la main, lui avons enfuite dit ces mots : vous promettez à Dieu de dire verité, ce que ledit interprête aiant expliqué à l'accufé, il a dit, ainfi que l'a rapporté l'interprête, qu'il promettoit à Dieu de dire verité, & lui aiant fait baiffer la main, il a été interrogé de fes nom, furnom, âge, qualité, demeure, & religion : ce que ledit interprête aiant expliqué à l'accufé, il a repondu, ainfi que l'a rapporté l'interprête, qu'il s'appelle tel ..... qu'il eft âgé de ..... d'une telle profeffion, demeurant à .....:

& qu'il eſt de la religion ..... interrogé ....

Ce que ledit interprête lui aiant expliqué, il a repondu ainſi que l'a rapporté l'interprête, que ....

On continue ainſi l'interrogatoire, & ſi on repréſente quelques pieces, ou écritures, hardes, armes, ou autres choſes, on ajoûte :

Lui avons enſuite repréſenté telle choſe ..... & l'avons interpellé de la parapher avec nous, & de déclarer .....

ce que ledit interpréte aiant expliqué à l'accuſé, il a repondu, ainſi que l'a rapporté l'interprête, que .... & qu'il étoit prêt de la parapher avec nous, ce qu'il a fait à l'inſtant, ou & qu'il ne vouloit la parapher parce que ....

Si ce n'eſt ni papier, ni écriture, il n'eſt point queſtion de parapher.

Lecture faite auſdits interprête & accuſé du preſent interrogatoire & des reponſes dudit accuſé, & les aiant ledit interprête expliqué audit accuſé, il a dit, ainſi que l'a rapporté l'interprête, que ſes reponſes contiennent verité & qu'il y perſiſte, & ont leſdits interprête & accuſé ſigné, ou & a ledit interprête ſigné, & l'accuſé declaré ne ſçavoir ou ne vouloir ſigner, enſuite de l'interpellation à lui faite & expliquée par ledit interprête, & ainſi que nous l'a rapporté ledit interprête.

Si l'accuſé n'étoit pas priſonnier, on pourra ſuivre le modele ci-deſſus, ſauf qu'au lieu de mettre avons fait tirer des priſons &c. on mettra eſt comparu pardevant nous n.... & n.... Commiſſaires en cette partie en chambre de ce ſiége P.... accuſé & ajourné à comparoir en perſonne par jugement du ..... à la Requête du Procureur du Roy, ou de tel .... partie civile, le Procureur du Roy joint, en preſence duquel eſt auſſi comparu tel .... interprête &c. comme ci-deſſus.

L'interprête doit ſigner chaque page de l'interrogatoire avec l'accuſé.

CHAPITRE VII.

Des Recolemens & Confrontations des Témoins.

S I l'accusation mérite d'être instruite, le Juge ordonnera que les témoins oüis és informations, & autres qui pourroient être oüis de nouveau, seront recolés en leurs dépositions, & si besoin est, confrontés à l'accusé.

Art. 1. Tit. 15.

L'information, l'interrogatoire & autres piéces ayant été communiqués au Procureur du Roy, jugement interviendra sur ses conclusions, qui ordonnera le recolement & la confrontation, conformément à la disposition de l'Article cy-dessus.

ARTICLE PREMIER.

Du Recolement des Témoins.

L E Recolement est une repetition de la deposition du témoin, au témoin même, pour sçavoir de lui après avoir eu lecture de sadite dépofition, s'il y veut changer, ajoûter, ou diminuer, ou y perfister. Il a lors la liberté de changer, mais il ne fçauroit plus le faire aprés le Recollement, & s'il le faifoit dans des circonftances effentielles, il feroit pourfuivi & puni comme faux témoin. Il fe trouve dans les régiftres du Confeil d'Artois quelques Arrêts, & notament ceux des 17. Février 1715. 14. Août 1721. & 30. Deeembre 1729. par lefquels les perfonnes y nommées ont été condamnées au baniffement les unes pour quinze ans, les autres pour neuf ans, & quelques unes avec amende honorable & expofition au poteau, pour avoir varié & changé leurs dépofitions lors des confrontations.

Le Recollement ne fe peut faire qu'en vertu de jugement qui l'ordonne, fauf néanmoins dans les cas portés en l'Art. 3. du tit. 15. mais ce Recollement ne vaudra confrontation contre le contumax, qu'après qu'il aura ainfi été ordonné par un jugement qu'il faudra rendre après la contumace acquife.

Le Recolement ne peut se réite- Art. 6.
rer: s'il arrivoit qu'il y eut differens Tit. 15.
Accusés decretés de prise de corps,
dont l'un fut pris, & les autres coû-
tumax, on ne pourroit ordonner le
Recolement, qu'après que la coûtu-
mace seroit totalement instruite.

On fait assigner les Témoins pour
le Recolement & la confrontation,
en vertu d'ordonnance conforme au
modéle suivant.

O R D O N N A N C E
Pour assigner les Témoins.

DE l'ordonnance de ne N.....
& N..... Commissaires en cette partie, à la Requête du Procureur du Roy, ou de tel..... partie
civile, le Procureur du Roy joint,
soit par le premier Sergent de ce
Siege requis, donnée assignation à
tel.... tel.... (Témoins qui y seront nommez) à être, & comparoir
en Chambre de ce Siege le .....
telle heure & autres jours suivans,
pour en exécution du jugement du
.... être recolés en leurs depositions,
& confrontés, si besoin est, à P....
prisonnier accusé.

Si l'Accusé n'est pas prisonnier,

D

mais feulement en état d'ajournement perfonel, il faut auffi l'affigner,
& ajouter les mots fuivans :

Comme auffi audit P.... accufé
aux mêmes jours, lieu & heures pour
fubir la confrontation defdits témoins, aux peines de l'Ordonnance
en cas de défaut, de ce faire & recrire donnons pouvoir. Fait audit
fiége le ....

Si le témoin ne comparoit, on
tiendra un Procès verbal dans la même forme que celui avant l'information, en changeant feulement le
mot de depofer, en ceux d'être recolé & confronté, fi befoin eft,
à P.... accufé.

Art. 5. Les témoins doivent être recolés
7. II. feparement, & le recolement fe met
dans un cahier feparé du refte de
la procedure.

Le temoin doit prêter ferment
& reprefenter fon exploit, & on en
fait mention.

Il faut lui faire lecture de fa depofition, & après l'avoir averti qu'il
a la liberté de changer lors, augmenter, ou diminuer, mais qu'après il
ne le poura plus faire, à peine d'être
puni comme faux temoin, on l'interpellera de declarer fi fa depofition

contient verité, & s'il y veut changer, augmenter ou diminuer ; & s'il
y persiste, on couche sa reponse.

Il ne faut pas omettre de representer de nouveau au temoin, lors
du recolement, les pieces de conviction dont il aura parlé dans sa
deposition, & mention sera faite de
ladite representation.

On fait ensuite lecture du recolement, & on en fait mention, comme aussi que le temoin y a persisté.

Par Arrêt dudit Conseil d'Artois
du 20. Mars 1733. un recolement
a été declaré nul, pour n'y avoir
point été fait mention qu'il avoit été
lû au temoin.

Le recolement sera signé en chaque page par le temoin & les Commissaires, & si le temoin ne sçait,
ou ne veut signer, il faut en faire
mention, comme aussi qu'il en a été
interpellé.

On ne doit pas faire d'interligne ;
s'il y a des renvois, il ne faut pas
se contenter de les parapher, mais
il faut les faire signer par le temoin
& les Commissaires, & leur faire
approuver les ratures, s'il s'en trouve.

Les Commissaires doivent paraoher le haut de chaque page, & non pas de chaque feüillet, c'eſt pour cela que par Arrêt dudit Conſeil d'Artois du 24. Avril 1719. les re-colemens des temoins ont été decla-rés nuls.

On procede au recolement des temoins comme il ſuit.

RECOLEMENT.

REcolement fait par nous n... & n.... Commiſſaires en cette partie à la Requête du Procureur de Roy, ou de tel ..,. partie ci-vile, le Procureur du Roy joint, des temoins ouis en l'information par nous faite le ..... & autres jours ſuivans, en execution du ju-gement du .... à la charge de ... auquel recolement avons procedé comme s'enſuit, conformément au jugement du .....

Du ..... mil ..... heures du matin ou de relevée pardevant que deſſus en chambre de ce ſiege.

Eſt comparu tel .... d'une telle profeſſion demeurant à .... premier temoin oui en ladite information,

& assigné à ce jour, à l'effet du present recolement, par exploit du Sergent tel .... du .... qu'il nous a
representé, auquel après serment fait
de dire verité, avons fait faire lecture de sa deposition contenuë en
ladite information; & l'aiant oui,
l'avons interpellé de declarer si elle
contient verité, & s'il n'y veut rien
changer, augmenter ou diminuer,
& s'il y persiste.

Si on lui represente quelque chose, ainsi qu'on le doit faire, s'il en
est parlé dans sa deposition, on ajoute, representation à lui faite de telle
chose .....

Le témoin a dit que sa deposition
est veritable en tout son contenu,
qu'il n'y veut rien changer, augmenter ni diminuer, & qu'il y persiste.

Si le témoin veut changer, on met:

Le témoin a dit que sa deposition
est veritable en tout son contenu,
sauf qu'il se souvient que ...... ou
qu'il a reconnu ou apris depuis, que
.... persistant dans le surplus de sa
deposition.

Lecture à lui faite du present recolement, il y a pareillement persisté
& signé, ou declaré ne sçavoir, ou

ne vouloir figner, de ce interpellé : s'il y a quelque rature, on ajoute approuvant la rature du mot tel .... roié en telle ligne du prefent recolement, & nous aiant ledit témoin requis taxe, lui avons taxé tant .... pour tant de jours à pied ou à cheval, ou en voiture.

Si le témoin n'entend par la Langue françoife, on fera affigner l'interprête ordinaire, ou celui dont on s'eft fervi pour la depofition, & au cas de maladie, ou abfence, on en nommera un autre, de la maniere qu'on l'a dit au chapitre quatriéme.

RECOLEMENT

Par Interprête.

ESt comparu tel .... d'une telle profeffion demeurant à ...... deuxiéme témoin oui en ladite information, & affigné à ce jour à l'effet du prefent recolement par exploit du Sergent tel .... du .... qu'il nous a reprefenté, en prefence duquel eft auffi comparu tel .... interprête nommé d'office, ou ordinaire, pour expliquer audit témoin fa

depofition contenuë en ladite information, & le prefent recolement,
parce qu'il n'entend pas la Langue
Françoife, & à nous les reponfes dudit témoin, & après ferment reïteré
par ledit interprête de bien, fidelement & en fa confcience s'acquiter
des fonctions d'interprête, avons interpellé ledit témoin de lever la main,
laquelle interpellation lui aiant été
expliquée en langue telle .... par
ledit interprête, il a levé la main:
lui avons enfuite dit ces mots: vous
promettez à Dieu de dire verité, ce
que ledit interprête lui aiant expliqué, il a dit, ainfi que l'a rapporté
l'interprête, qu'il promettoit à Dieu
de dire verité, & lui aiant fait baiffer la main, avons fait faire lecture
de fadite depofition que ledit interprête lui a expliqué, & l'avons interpellé de declarer fi elle contient
verité, & s'il n'y veut rien changer,
augmenter ou diminuer, & s'il y
perfifte.

Si on reprefente quelque piece,
on ajoute reprefentation faite de telle
chofe .... ce que ledit interprête
aiant expliqué audit témoin, il a dit,
ainfi que l'a rapporté l'interprête,

que sa deposition est veritable en tout son contenu, qu'il n'y veut rien changer, augmenter ni diminuer, & qu'il y persiste.

S'il veut changer, on mettra comme au recollement cy-devant:

Lecture faite ausdits témoin & interprête du present recolement, & l'aiant ledit interprête expliqué audit témoin, il a dit, ainsi que l'a rapporté l'interprête, qu'il y persiste, & ont lesdits interprête & témoin signé, ou & a ledit interprête signé & declaré que ledit témoin ne sçavoit, ou ne vouloit signer, ensuite de l'interpellation à lui faite & expliquée par ledit interprête.

S'il y a quelque rature, on ajoute:

Approuvant la rature du mot tel .... roié en telle ligne du present recolement, ainsi que l'a rapporté ledit interprête, après le lui avoir expliqué, & nous aiant ledit interprête aussi rapporté que ledit témoin requeroit taxe, lui avons taxé tant...

L'Interprête doit signer le recolement en chaque page, également comme le témoin.

On observe que si les témoins ne chargeoient plus du tout l'accusé dans

leur recolement, il ne faudroit point
les confronter, & le Procez devroit
être civilifé ; néanmoins quand ils ne
chargeroient point nommement l'accufé, il faudroit les confronter, afin
que l'accufé put dire ce qu'il trou-
veroit convenir contre les faits refultans de leurs depofitions & recolemens ; & s'ils n'étoient pas confrontés, quelques graves que fuffent les
faits dont ils depoferoient, leurs depofitions ne feroient point de preuve.

Art. 8.
Tit. 11.

ARTICLE II.

De la Confrontation des Témoins à l'Accufé..

L A confrontation eft une reprefentation à l'accufé des témoins
ouis dans l'information & recolés
dans leurs depofitions : il s'enfuit évidemment qu'il faut recoler les témoins avant de les confronter à l'accufé ; & le jugement qui ordonne le
recolement, doit auffi ordonner que
les témoins feront confrontés, fi befoin eft, à l'accufé.

Il faut faire autant de cahiers
qu'il y a d'accufés aufquels les té-

moins doivent être confrontés.

Art. 12.
13. 14.
15. 16.
17. 18.
Tit. 15.

Les accusés originairement decretés de prise de corps seront en prison pendant le tems de la confrontation, dans laquelle il en sera fait mention, à moins que sur les appellations il en ait été autrement ordonné par le Juge superieur.

Le témoin & l'accusé doivent prêter serment en presence l'un de l'autre, & ensuite être interpellés de déclarer s'ils se connoissent.

On fait ensuite lecture à l'Accusé des premiers articles de la deposition dudit témoin, lesquels contiennent les nom, surnom, âge, qualité, demeure, déclaration de n'être parent, allié, serviteur, ni domestique des parties, & de connoître ou ne pas connoître l'Accusé. On l'interpelle de fournir des reproches, & on l'avertit en même tems qu'il ne pourra plus le faire après la lecture de la deposition & du recolement.

L'Accusé doit lors répondre, & il faut qu'il ait fourni de reproche, ou déclaré qu'il n'en a aucun à faire, avant que de lire la deposition & le recolement.

Si l'Accusé reproche le Témoin,

on interpellera le Témoin de convenir ou disconvenir de la vérité des reproches, & ce que le Témoin & l'Accusé diront, sera écrit.

On fait ensuite lecture de la deposition & du recolement, & on interpelle l'Accusé de déclarer s'ils sont véritables.

On fait la même interpellation au Témoin, & si l'Accusé est celui dont il a entendu parler par ses deposition & recolement : ce qui sera dit par l'Accusé & le Témoin sera aussi redigé par écrit.

La lecture du recolement est absolument nécessaire, & il faut en faire mention, quoique le recolé n'ajoûte ni ne diminue rien à la deposition.

Cette lecture étant faite, l'Accusé ne peut plus reprocher le Témoin : il le pourra néanmoins en tout état de cause, pouvû qu'il justifie les reproches par écrit.

Si l'accusé remarque quelque circonstance ou contrariété qui puisse éclaircir le fait, & justifier son innocence, il poura requerir les commissaires d'interpeller le témoin de les reconnoître ; & les remarques,

Art. 19.
20. 21.
Tit. 15.

interpellations, reconnoissances, & reponses seront aussi redigées par écrit.

On représentera aussi au Témoin & à l'Accusé les pieces de conviction, dont le Témoin aura parlé dans sa deposition, & il sera fait mention de ladite representation.

On fait ensuite lecture de la Confrontation, laquelle doit être signée en chaque page par le Témoin, l'Accusé & les Commissaires : si le Témoin ou l'Accusé, ou tous deux ne sçavent ou ne veulent signer, il en faut faire mention, comme aussi qu'ils en ont été interpellés.

Les ratures seront approuvées & les renvois signés par le Témoin, l'Accusé & les Commissaires, & chaque page sera paraphée par lesdits Commissaires.

Par Arrêts dudit Conseil d'Artois des 24. Août 1719, 10. Septembre 1731, 31. Decembre 1732, 20. Mars 1733, 6. Mars & onze Août 1734. differentes confrontations ont été déclarées nulles, parce que le Recolement n'avoit été lû après la déposition & qu'il n'en avoit été fait mention, qu'il n'avoit pareillement été fait mention, ſi l'Accuſé étoit celui dont les Témoins avoient entendu parler par leurs dépoſitions & recolemens, qu'il n'y étoit pas dit que les Témoins déclaroient que leurs dépoſitions & recolemens contenoient vérité, parce que les confrontations n'étoient point ſignées de l'Accuſé, & qu'il n'étoit point fait mention qu'il ne ſçavoit ou ne vouloit ſigner, ni qu'il en ait été interpellé, & enfin parce qu'elles n'avoient été paraphées en chaque page.

Par Arrêt de la Tournelle du Parlement de Paris du 29. May 1693, il a été enjoint aux Officiers dont étoit appel, de faire lecture du recolement, après la dépoſition, & d'en faire mention.

On procéde à la confrontation des Témoins à l'Accuſé, conformement au modéle ſuivant.

CONFRONTATION.

Confrontation faite par Nous N.... & N..... Commiſſaires en cette partie, à la Requête du

Procureur du Roy, ou de tel .....
partie civile, le Procureur du Roy
joint, à P.... accufé, des témoins
ouïs en l'information par nous faite
le .... & autres jours fuivans, conformement au jugement du .....
à laquelle confrontation avons procedé, comme il fuit, en exécution
du jugement du ....

Du .... mil .... heures du
matin, ou de relevée.

A Eté tiré des prifons, & amené
pardevant Nous en Chambre
d'icelles, ou de ce Siége P..... prifonnier accufé, auquel avons confronté tel ..... premier témoin ouï
en ladite information, & après ferme nt par eux prêté en préfence l'un
de l'autre de dire vérité, & interpellés de déclarer s'ils fe connoiffent, ils ont dit .....

Ce fait, avons fait faire lecture à
l'accufé des premiers articles de la
dépofition dudit témoin, contenant
fes nom, furnom, âge, qualité, demeure, déclaration de n'être parent,
aᵱlié, ferviteur, ni domeftique des
parties, & la connoiffance qu'il a dit
avoir de l'accufé, & interpellé ledit accufé de fournir préfentement

des reproches, fi aucuns il a, contre ledit témoin, finon qu'il n'y fera plus reçû, après qu'il aura eu lecture du furplus de la depofition & du recolement, fuivant l'Ordonnance que nous lui avons donné à entendre, l'accufé a dit . . . .

Si l'accufé fournit des reproches, le témoin repondra ainfi :

Et par ledit témoin a été dit que . . . . .

Après quoi avons fait faire lecture, en prefence defdits témoin & accufé, du furplus de la depofition dudit témoin, & de fon recolement; & après les avoir ouis, nous avons interpellé ledit accufé de declarer s'ils contiennent verité, l'accufé a dit que . . . . .

Si on reprefente quelque piece de conviction, on ajoute avant la reponfe de l'accufé ;

Reprefentation à eux faite de telle . . . . . chofe . . . . .

Si l'accufé veut faire interpeller le témoin de convenir de certains faits &c. on met :

Et nous aiant ledit accufé requis d'interpeller le témoin de declarer . . . . . ou de convenir . . . .

Ladite interpellation aiant été par

nous faite audit témoin, il a dit
que .... & qu'au furplus fes depofition & recolement font veritables
en tout leur contenu, & l'a ainfi
foutenu à l'accufé, & que c'eft de
l'accufé prefent dont il a entendu parler, ou fans fçavoir fi c'eft de l'accufé prefent, dont il a entendu parler par fes depofition & recolement,
& qu'il y perfifte, de ce interpellé.

Si le témoin reconnoit que l'accufé n'eft pas celui dont il a voulu
parler, on met; affirmant que ce n'eft
point de l'accufé prefent dont il a
entendu parler par fes depofition &
recolement, parce que .... on en
dit la raifon .... & qu'il y perfifte,
de ce interpellé.

Lecture faite aufdits témoin &
accufé de la prefente confrontation,
ils y ont chacun perfifté à leur égard,
& ont figné, ou ont declaré ne fçavoir, ou ne vouloir figner, de ce
interpellé.

S'il y a quelque rature, ou ajoute
approuvant la rature du mot tel .....
roié en telle ligne de telle page ...
de la prefente confrontation.

Si l'accufé n'eft decreté que d'a-
journement perfonnel, on commence

la confrontation par ces mots : eſt
comparu pardevant nous en chambre criminelle , ou de ce ſiége P...
accuſé auquel avons confronté tel
.... &c. comme ci-deſſus.

Si dans une même ſeance on confronte pluſieurs témoins , on ne met
pas à chaque confrontation , a été
tiré des priſons , ou , eſt comparu ,
mais ſeulement ces mots : nous avons
encore confronté audit P.... priſonnier & accuſé , tel .... deuxiéme
témoin &c.

Si un témoin aiant été recolé dans
ſa depoſition , étoit decedé ou mort
civilement pendant la contumace , ſa
depoſition ſubſiſtera , & en ſera faite
confrontation litterale dans les formes preſcrites pour la confrontation
des témoins , & n'auront en ce cas
les Juges aucun égard aux reproches,
s'ils ne ſont juſtifiés par pieces : la même choſe a lieu à l'égard des témoins
qui ne pouront être confrontés à
cauſe d'une longue abſence, d'une
condamnation aux Galeres , ou au
banniſſement à tems , ou quelqu'autre empêchement legitime, pendant
la contumace.

On procede à cette ſorte de confrontation comme il fuit, en la mettant dans le même cahier de la confrontation des témoins à l'accufé.

CONFRONTATION
Litterale.

Du .... mil .... heures du matin, ou de relevée.

NOus avons fait tirer des prifons, & amener pardevant nous en chambre d'icelles, ou de ce fiege, P..... prifonnier accufé, lequel après ferment par lui fait de dire verité, avons interpellé de declarer s'il connoiffoit defunt B.... témoin oui en ladite information, ledit accufé a dit que ....

Ce fait nous avons fait faire lecture à l'accufé des premiers articles de la depofition dudit feu B..... contenant fes nom, furnom, âge, qualité, demeure, declaration de n'être parent, allié, ferviteur, ni domeftique des parties & de connoître l'accufé, ou de ne pas connoître l'accufé, & interpellé ledit accufé de fournir prefentement des reproches, fi aucuns il a, contre ledit B... sinon qu'il n'y sera plus reçû, après qu'il aura eu lecture du surplus de ladite deposition & du recolement, suivant l'Ordonnance que nous lui avons donné à entendre, l'accusé a dit que . . . .

Après quoi avons fait faire lecture à l'accusé du surplus de ladite deposition & du recolement dudit B... & après les avoir ouis, l'avons interpellé de declarer s'ils contiennent verité, l'accusé a dit que . . . .

Si on lui represente quelque piece, on ajoute avant sa reponse ces mots : representation à lui faite de telle chose . . . .

Lecture faite audit accusé de la presente confrontation, il y a persisté & signé, ou & a declaré ne sçavoir, ou ne vouloir signer, de ce interpellé ; s'il y a quelque rature, on ajoute approuvant la rature du mot tel . . . . . roié en telle ligne de telle page de la presente confrontation.

Si l'accusé n'entend pas la langue Françoise, il faut se servir de l'interprête, & proceder à la confrontation, comme il suit.

CONFRONTATION

Par interprête, lorsque l'Accusé n'entend pas la langue françoise.

NOus avons fait tirer des prisons & amener pardevant nous en chambre d'icelles, ou de ce siége P..... prisonnier accusé, en presence duquel est comparu tel .... interprête nommé d'office par jugement du .... pour expliquer à l'accusé la presente confrontation, parce qu'il n'entend pas la langue Françoise; lequel interprête a prêté le serment de bien, fidelement & en sa conscience expliquer à l'accusé la presente confrontation, & à nous les reponses dudit accusé, auquel avons confronté tel ...... témoin oui en ladite information; & après serment prêté par ledit témoin en presence desdits interprête & accusé de dire verité, avons interpellé icelui accusé de lever la main, laquelle interpellation lui aiant été expliquée par ledit interprête en langue telle ..... il a levé la main, lui avons ensuite dit ces mots: vous

promettez à Dieu de dire verité,
ce que ledit interprête lui aiant expliqué, il a dit, ainsi que l'a rapporté l'interprête, qu'il promettoit à
Dieu de dire verité, & lui aiant fait
baisser la main, avons interpellé lesdits témoin & accusé de declarer
s'ils se connoissent, ledit témoin a
dit .... & ladite interpellation
aiant été expliquée à l'accusé par ledit interprête, il a dit, ainsi que l'a
rapporté l'interprête, qu'il .....

Ce fait, nous avons fait faire lecture à l'accusé & à l'interprête des premiers articles de la deposition dudit
témoin, contenant ses nom, surnom, âge, qualité, demeure, declaration de n'être parent, allié, serviteur, ni domestique des parties,
& de connoître l'accusé, ou de ne
pas connoître l'accusé, & interpellé
ledit accusé de fournir presentement
des reproches, si aucuns il a, sinon
qu'il n'y sera plus reçû, après qu'il
aura eu lecture du surplus de ladite
deposition & du recolement, suivant l'Ordonnance que nous avons
expliqué audit interprête; ce que ledit interprête lui aiant expliqué, il
a dit, ainsi que l'a rapporté l'interprête, que .....

Si l'accufé fournit des reproches,
le témoin repondra, & on mettra:
Et par ledit témoin a été dit que ...

Après quoi avons fait faire lecture en prefence defdits témoin, interprête & accufé, du furplus de la depofition dudit témoin & de fon recolement; & les aiant ledit interprête expliqués à l'accufé, nous avons interpellé icelui accufé de declarer s'ils contiennent verité.

Si on lui reprefente quelque piece, on ajoute reprefentation à lui faite de telle chofe ..... ainfi qu'audit témoin.

Ce que ledit interprête aiant expliqué à l'accufé, il a dit, ainfi que l'a rapporté l'Interprête, que.....

Si l'accufé veut faire interpeller le témoin, on mettra.

Et nous aiant ledit interprête rapporté que l'accufé nous requeroit d'interpeller le témoin de declarer .... ou de convenir.

Ladite interpellation aiant été par nous faite audit témoin, il a dit que ....

Et ledit interprête aiant expliqué à l'accufé la reponfe dudit témoin, il nous a rapporte que l'accufé difoit que ....

Et par ledit temoin a été dit que ses deposition & recolement sont veritables en tout leur contenu, & l'a ainsi soutenu audit accusé, & que c'est de l'accusé present, ou sans sçavoir si c'est de l'accusé present dont il a entendu parler par sesdits deposition & recolement, & qu'il y persiste, de ce interpellé.

Si le temoin reconnoit que l'accusé present n'est pas celui dont il a voulu parler, on met :

Affirmant que ce n'est point de l'accusé present, dont il a entendu parler par ses deposition & recolement, parce que . . . . . & qu'il y persiste, de ce interpellé.

Ce que ledit interprête aiant encore expliqué audit accusé, il a dit, ainsi que l'a rapporté l'interprête, que . . . . .

Lecture faite ausdits Témoin, Interprête & Accusé de la presente confrontation, ledit Témoin y a persisté à son égard, & l'aiant ledit Interprête expliqué à l'Accusé, il a dit, ainsi que l'a rapporté l'Interprête, qu'il y persistoit aussi à son égard, & ont lesdits Interprête, Temoin & Accusé signé, ou & ont lesdits Témoin & Interprête ſigné, & l'Accuſé a déclaré ne ſçavoir, ou ne vouloir ſigner, ainſi que nous l'a rapporté l'Interprête, après lui avoir expliqué l'interpellation que nous lui en avons faite.

S'il y a quelque Rature, on ajoûte :

Approuvant la Rature du mot tel .... roïé en telle ligne de telle page de la préſente confrontation, ainſi que nous l'a pareillement rapporté l'Interprête, après l'avoir expliqué audit Accuſé.

L'Interprête doit ſigner en chaque page avec l'Accuſé & le Témoin.

Si c'étoit au contraire le Témoin qui n'entendit point la langue françoiſe, on procedera à la confrontation conformement au modéle ſuivant.

CONFRONTATION

Par Interprête quand le Témoin n'entend pas la langue françoiſe.

DU .... mil ..... heures du matin, ou de relevée Nous avons fait tirer des priſons

&

& amener pardevant nous en chambre d'icelles, ou de ce fiege P....
prifonnier accufé, auquel avons confronté tel .... Témoin ouï en ladite information, en prefence duquel eft comparu tel .... interprête
ordinaire de ce fiege, ou nommé
d'office par jugement du ....., pour
expliquer audit Témoin la prefente
confrontation, parce qu'il n'entend
pas la langue françoife; lequel Interprête a fait ferment de bien, fidelement & en fa confcience expliquer audit Témoin la prefente confrontation, & à nous fes reponfes;
& après ferment prêté par ledit
Accufé en prefence dudit Témoin
de dire verité, avons interpellé
ledit Témoin en prefence dudit
Accufé de lever la main, laquelle interpellation lui aiant été expliquée par ledit Interprête, il a levé
la main, lui avons enfuite dit ces
mots : vous promettez à Dieu de
dire verité, ce que ledit Interprête
lui aiant expliqué, il a répondu,
ainfi que l'a rapporté l'Interprête,
qu'il promettoit à Dieu de dire verité, & lui aiant fait baiffer la main,
nous avons interpellé lefdits Témoin

& Accuſé de déclarer s'ils ſe con-
noiſſent, l'Accuſé a dit .... & ladite interpellation aiant été expliquée audit Temoin, il a dit, ainſi que
l'a rapporté ledit Interprête, que....

Après quoi nous avons fait faire
lecture à l'Accuſé des premiers articles de la depoſition dudit Temoin, contenant ſes nom, ſurnom,
âge, qualité demeure, declaration
de n'être parent, allié, ſerviteur, ni
domeſtique des parties, & de connoître, ou de ne pas connoître l'Accuſé, & interpellé ledit Accuſé de
fournir preſentement de reproches,
ſi aucuns il a contre ledit Témoin,
ſinon qu'il n'y ſera plus reçû, après
qu'il aura eu lecture du ſurplus de ladite depoſition & du recolement, ſuivant l'ordonnance que nous lui avons
donné à entendre ; l'Accuſé a dit que ...

S'il y a quelque reproche, le Témoin repondra : ce que ledit Interprête aiant expliqué audit Témoin,
il a dit, ainſi que l'a rapporté l'Interprête, que ....

Ce fait, avons fait faire lecture en
préſence deſdits Témoin, Interprête & Accuſé du ſurplus de la depoſition dudit Témoin & de ſon reco-

lement, & après les avoir ouïs, avons interpellé l'Accusé de déclarer s'ils contiennent verité.

Si on represente quelque piece, ou arme, on ajoute, representation faite de telle chose ..... l'Accusé a dit que ....

S'il y a requisition de la part de l'Accusé d'interpeller le Témoin, on met ;

Et nous aiant l'Accusé requis d'interpeller ledit Témoin de déclarer, ou convenir de ....

Ladite interpellation aiant été par nous faire audit Témoin, & à lui expliquée par ledit Interprête, il a dit que .... ainsi que nous l'a rapporté ledit Interprête.

Et ledit Interprête aiant expliqué audit Témoin, tant sesdites deposition & recolement, que la reponse dudit Accusé, il a dit, ainsi que l'a rapporté l'Interprête, que sesdites deposition & recolement sont veritables en tout leur contenu, qu'il le soutient ainsi audit Accusé, & que c'est dudit Accusé present, ou qu'il ne sçait si c'est dudit Accusé présent, dont il a entendu parler par ses deposition & recolement, & qu'il y persiste, ensuite de l'interpellation à lui faite & expliquée par ledit Interprête.

Si le Témoin ne reconnoît point l'Accusé, on met, qu'il affirme que ce n'est point de l'Accusé present dont il a entendu parler par lesdites deposition & recolement, parce que ..... & qu'il y persiste ensuite de l'interpellation à lui faite & expliquée par ledite Interprête.

Lecture faite ausdits Témoin, Interpréte & Accusé de la presente confrontation, l'Accusé y a persisté à son égard, & l'aiant ledit Interprête expliqué audit Témoin, il a dit, ainsi que l'a rapporté l'Interprête, qu'il y persiste aussi à son égard, & ont lesdits Témoin, Interprête & Accusé signé: si l'Accusé ne veut ou ne sçait signer, on met, & ont lesdits Témoin & Interprête signé, & l'Accusé a déclaré ne sçavoir, ou ne vouloir signer, de ce interpellé.

S'il y a quelque rature on ajoûte:

Approuvant la rature du mot tel .... roïé en telle ligne de telle page de la presente confrontation, ainsi que nous l'a rapporté ledit In-

terprête, après l'avoir expliqué audit Témoin.

L'Interprête doit figner en chaque page avec le Témoin & l'Accufé.

S'il arrive que ni le Témoin, ni
l'Accufé n'entendent pas la langue
Françoife, il faut encore avoir re-
cours aux Interprêtes, & faire affigner tant celui qui a fervi pour la
depofition & le recolement du Témoin, que celui qui a fervi pour
l'interrogatoire de l'Accufé, étant
convenable de les faire affifter de
chacun leur Interprête, ne fut-ce
que pour éviter une certaine confu-
fion dans laquelle un feul Interprête pour les deux pourroit tomber,
étant obligé de parler prefque dans
le même moment pour deux perfonnes qui ordinairement font contraires l'une à l'autre. On procede à
cette confrontation, comme il fuit.

CONFRONTATION

*Par Interprête, lorsque ni le Témoin,
ni l'Accusé n'entendent point la
langue françoise.*

D^U .... mil .... heures
_d ....

Nous avons fait tirer des prisons
& amener pardevant nous en chambre d'icelles, ou de ce Siege P....
prisonnier accusé, auquel avons confronté tel .... témoin ouï en ladite
information, en presence desquels
sont comparus tel ..... & tel ......
leurs Interprêtes, lesquels ont prêté
le serment de bien, fidélement & en
leurs consciences expliquer ausdits
Témoin & Accusé la presente confrontation, & ensuite à nous leurs
reponses, & les avons interpellé tous
deux de lever la main, laquelle interpellation leur aiant été expliquée
par lesdits Interprêtes en langue telle ...., ils ont levé la main, leur
avons ensuite dit ces mots : vous
promettez à Dieu de dire verité, ce
que lesdits Interprêtes leur aiant expliqué, ils ont repondu, ainsi que

l'ont rapporté lesdits Interprêtes, qu'ils promettent à Dieu de dire verité, & leur aiant fait baiffer la main, nous les avons interpellé de déclarer s'ils se connoiffent, laquelle interpellation leur aiant été expliquée par lesdits Interprêtes, ils ont repondu, ainfi que l'ont rapporté les Interprêtes, qu'ils . . . .

Ce fait, avons fait faire lecture à l'Accufé des premiers articles de la depofition dudit Témoin, contenant fes nom, furnom, âge, qualité, demeure, déclaration de n'être parent, allié, ferviteur, ni domeftique des parties, & de connoître l'Accufé, ou de ne pas connoître l'Accufé, & interpellé ledit Accufé de fournir prefentement de reproches, fi aucuns il a, contre ledit Temoin, finon qu'il n'y fera plus reçû après qu'il aura eu lecture du furplus de ladite depofition & du recolement, fuivant l'ordonnance que nous avons donne à entendre audit tel . . . . . . ce que ledit Interprête aiant expliqué audit Accufé, il a dit ainfi que l'a rapporte l'Interprête, que . . . . .

Ce qui a auffi été expliqué audit Temoin par ledit tel . . . . fon Interprête, & si l'Accusé reproche, on ajoûte ainsi que le reproche fourni par ledit Accusé, & ledit Temoin a dit, ainsi que l'a rapporté ledit Interprête, que . . . . .

Après quoi nous avons fait faire lecture en presence desdits Temoin, Interprêtes & Accusé du surplus de ladite deposition dudit Temoin & de son recolement.

Si on represente quelque piece de conviction, on ajoûte, representation à eux faite de telle chose . . . . & les aiant ledit tel . . . . Interprête expliqué à l'Accusé, nous l'avons interpellé de declarer s'ils contiennent verité, ce que ledit Interprête aiant expliqué audit Accusé, il a dit ainsi que l'a rapporté l'Interprête, que . . .

Si l'Accusé requiert les Commissaires d'interpeller le Témoin, on met :

Et nous aiant ledit Interprête rapporté que l'Accusé nous requeroit d'interpeller ledit Témoin de declarer . . . . .

Laquelle interpellation aiant été par nous faite audit Témoin, & à lui expliquée par sondit interprête, ainsi que ses deposition, recolement,

& la reponſe de l'Accuſé, il a dit,
ainſi que l'a rapporté l'interprête,
que . . . . , & que ſes depoſition &
recolement ſont veritables en tout
leur contenu, qu'il le ſoutient ainſi
audit Accuſé, & que c'eſt de l'accuſé preſent, ou qu'il ne ſçait ſi c'eſt
de l'Accuſé preſent, ou affirmant
que ce n'eſt point de l'accuſé preſent
dont il a entendu parler par leſdites
depoſition & recolement, parce que ..
& qu'il y perſiſte, après interpellation à lui faite & expliquée par
ſondit Interprête.

Ce que ledit tel . . . . interprête
aiant expliqué à l'Accuſé, il a dit,
ainſi que l'a rapporté ſon interprête, que . . . . .

Lecture faite auſdits Témoin, Accuſé & Interprêtes de la préſente
confrontation, & la leur aiant leſdits Interprêtes expliquée, ils ont
dit, ainſi que l'ont rapporté leſdits
Interprêtes, qu'ils y perſiſtent chacun à leur égard, & ont leſdits Témoin, Interprêtes & Accuſé ſigné ;
ſi le Témoin, ou l'Accuſé ne ſçait
ou ne veut écrire, & s'il y a quelque rature, on mettra comme on a
vû aux confrontations ci-devant..

Les Interprêtes doivent signer en chaque page avec le Témoin & l'Accusé.

Tout ce que dessus a lieu, ainsi que le contenu au Chapître suivant; lorsque l'Accusé est pris, ou qu'il se represente pour subir la confrontation, mais s'il ne se representoit point, il faudroit convertir le decret d'ajournement personnel, en decret de prise de corps, de la maniére qu'on l'a dit au Chapître cinquiéme, & instruire contre lui la grande contumace, comme on verra ci-après.

CHAPITRE VII.

De la repetition & confrontation des accusés entre eux.

'IL y a plusieurs Accusés d'un même crime, le jugement portant que les Témoins seront recolés & confrontés aux accusés, ordonnera aussi que les Accusés faisant charge, seront repetés en leurs interrogatoi-

res, & confrontés, si besoin est, les
uns aux autres, & seront les mêmes
formalités observées qu'à la con- Art. 23.
frontation des Témoins. Tit. 15.

ARTICLE PREMIER.

De la Repetition des Accusés.

LA repetition est une espece de
recolement des accusés, sur leurs
reponses aux interrogatoires qui leur
ont été proposés, pour sçavoir d'eux
s'il y veulent changer, augmenter,
ou diminuer, (ce qu'ils peuvent
faire lors) ou y persister. Il faut
repeter les accusés avant que de les
confronter, à peine de nullité des
confrontations.

Par Arrêt du Conseil d'Artois du
quatre May 1699. plusieurs confrontation respectives des accusés, ont
été declarées nulles, parce que lesdits accusés n'avoient été repétés au
préalable.

Ce même defaut de repetition a
donné lieu à un Arrêt de la Tournelle du Parlement de Paris, du 29.
May 1693. par lequel après avoir
declaré les confrontations des accu-

fés nulles, il eft enjoint au Juge dont
eft appel, de fe conformer à l'Ordonnance de 1670. ce faifant de
repéter les accufés fur leurs interrogatoires, avant que de les confronter.

Cette repetition fe met dans un
cahier feparé, ainfi que le recolement des témoins, y obfervant les
mêmes formalités que celles prefcrites pour le recolement Art. 1.
Chap. 7. & fe fouvenant de reprefenter de nouveau à l'accufé les pieces
de conviction dont il aura parlé
dans fon interrogatoire, & d'en faire
mention.

On procede à la repetition des
accufés comme s'enfuit.

REPETITION.

REpetition faite par nous n....
& n.... Commiffaires en cette
partie, à la Requête du Procureur
du Roy, ou de tel ..... partie
civile, le Procureur du Roy joint,
de tel ..... tel ..... accufés fur
leurs reponfes aux interrogatoires qui
leur ont été par nous propofés les ....
à laquelle repetition avons procedé,

commme s'enfuit, en execution du jugement du ....

Du .... mil .... heures du matin, ou de relevée.

Nous avons fait tirer des prifons & amener pardevant nous en chambre d'icelles P .... prifonnier accufé, auquel après ferment par lui fait de dire verité, avons fait faire lecture de fes reponfes aufdits interrogatoires, & après l'avoir oui, & interpellé de declarer fi elles contiennent verité & s'il n'y veut rien changer, augmenter, ou diminuer, & s'il y perfifte.

Si on reprefente quelque piece de conviction, on ajoute reprefentation à lui faite de telle piece .... l'accufé a dit que fefdites reponfes contiennent verité, qu'il n'y veut rien changer, augmenter, ni diminuer & qu'il. y perfifte.

Si l'accufé veut changer, au lieu de mettre ces mots, & qu'il y perfifte, on met ceux ci, fauf qu'il a dit que .... perfiftant dans le furplus de fefdites reponfes.

Lecture à lui faite de la prefente repetition, il y a pareillement perfifté, & figné ou declaré ne fçavoir ou ne vouloir figner, de ce interpellé.

Si l'accusé n'est pas prisonnier, on commence par ces mots, est comparu tel ..... accusé &c. l'accusé doit signer en chaque page.

Si l'accusé n'entend pas la Langue Françoise, il faut se servir de l'interprête.

***

REPETITION

Par Interprête.

DU .... mil .... heures de ....
Nous avons fait tirer des prisons, & amener pardevant nous en chambre d'icelles, ou de ce siege P .... prisonnier accusé, en presence duquel est comparu tel .... interprête ordinaire, ou nommé d'office par jugement du .... lequel a prêté le serment de bien, fidelement, & en sa conscience expliquer audit accusé la presente repetition, & à nous les reponses dudit accusé, lequel nous avons interpellé de lever la main, laquelle interpellation lui aiant été expliquée par ledit interprête, il a levé la main, après quoi lui avons dit ces mots: vous promettez à Dieu

de dire verité, ce que ledit interprête lui aiant expliqué, il a repondu ainfi que l'a rapporté l'interprête,
qu'il promettoit à Dieu de dire verité, & lui aiant fait baiffer la main,
lui avons fait faire lecture des interrogatoires & de fes reponfes, &
l'interprête les lui aiant expliqués,
l'avons interpellé de declarer fi fes
reponfes contiennent verité, & s'il
n'y veut rien changer, augmenter,
ou diminuer, & s'il y perfifte.

Si on reprefente quelque piece de
conviction, on ajoute, reprefentation
faite de telle chofe ...., laquelle
interpellation aiant été expliquée audit accufé par ledit interprête, il a
dit, ainfi que l'a rapporté l'interprête, que fes reponfes contiennent verité, qu'il n'y veut rien changer,
augmenter, ni diminuer.

S'il change, on ajoute, fauf que
..... perfiftant dans le furplus de
fefdites reponfes; finon on met, &
qu'il y perfifte.

Lecture faite aufdits accufé & interprête de la prefente repetition,
& l'aiant ledit interprête expliquée
audit accufé, il a dit, ainfi que l'a
rapporté l'interprête, qu'il y per-

fiftoit, & ont lefdits interprête &
accufé figné, ou & a ledit interprete
figné, & aiant interpellé l'accufé de
figner pareillement, ladite interpellation à lui expliquée par ledit interprête, il a repondu ainfi que l'a
rapporté l'interprête, qu'il ne fçavoit, ou ne vouloit figner.

S'il y a quelque rature, on ajoute, approuvant la rature du mot tel
..... roié en telle ligne de telle
page de la prefente repetition, ainfi
que nous l'a rapporté ledit interprête, après la lui avoir expliquée.

L'Interprête figne en chaque page
avec l'accufé.

ARTICLE II.

De la Confrontation des Accufés entr'eux.

CEtte forte de confrontation fe
met dans un cahier feparé de
celle des témoins à l'accufé : fi on
confronte dix accufés, à un feul, on
ne fera qu'un cahier, mais fi on
les confronte tous les uns aux autres,
ils auront chacun leur cahier different.

On y obferve, ainfi qu'on l'a deja

dit, les mêmes formalités qu'à celle des témoins à l'accusé.

CONFRONTATION.

COnfrontation faite par nous n... & n ..... Commissaires en cette partie, à la Requête du Procureur du Roy, ou de tel ..... partie civile, le Procureur du Roy joint, à P.... accusé de R.... aussi accusé, sur les reponses faites par ledit R.... aux interrogatoires qui lui ont été proposés le .... à laquelle confrontation avons procedé comme s'ensuit en execution du jugement du ....

Du... mil ... heures. d...
Nous avons fait tirer des prisons, & amener pardevant nous en chambre d'icelles, ou de ce siege P.... & R.... prisonniers & accusés, auquel P.... avons confronté ledit R..... & après serment par eux prêté en presence l'un de l'autre de dire verité, & interpellés de declarer s'ils se connoissent, ils ont dit ....

Ce fait, avons fait faire lecture audit P..... du premier Article de l'interrogatoire dudit R.... conte-

nant ſes nom, ſurnom, âge, qualité, demeure, religion, & de connoître ledit P..... ou de ne pas
connoître ledit P..... interpellé
icelui P..... de fournir preſentement de reproches, ſi aucuns il a,
contre ledit R..... ſinon qu'il n'y
ſera plus reçû, après qu'il aura eu
lecture du ſurplus deſdits interrogatoires & reponſes dudit R..... &
de ſa repetition, ſuivant l'Ordonnance que nous lui avons donné à
entendre, ledit P.... a dit .... s'il
y a quelque reproche fourni R....
repondra & par ledit R.... a été
dit que .... après quoi nous avons
fait faire lecture, en preſence deſdits
P..... & R..... du ſurplus deſdits interrogatoires & reponſes dudit
R..... comme auſſi de ſa repetition, & après les avoir ouis, nous
avons interpellé ledit P.... de declarer ſi leſdites reponſes & repetition ſont veritables.

Si on repreſente quelque piece de
conviction, on ajoute :

Repreſentation faite de telle choſe .... ledit P.... a dit que ....

Si P..... veut faire interpeller
R.... on met, & nous aiant ledit

P.... requis d'interpeller R....
de declarer ... ou de convenir ...
ladite interpellation aiant été par
nous faite audit R.... il a dit que
..... & qu'au surplus ses reponses
& repetition sont veritables en tout
leur contenu, & l'a ainsi soutenu
audit P.... & que c'est dudit P....
present dont il a entendu parler par
lesdites reponses & repetition, &
qu'il y persiste, de ce interpellé.

Lecture faite ausdits accusés de
la presente confrontation, ils y ont
chacun persisté à leur égard, & ont
signé, ou declaré ne sçavoir, ou ne
vouloir signer, de ce interpellés.

S'il y a quelque rature, on ajoute, approuvant la rature du mot tel
.... roié en telle ligne de telle page
de la presente confrontation.

Les accusés doivent signer en chaque page.

Si les accusés n'entendent pas la
Langue Françoise, il faut les confronter, assistés chacun de leur interprête.

CONFRONTATION

Des Accusés par Interprête.

DU .... mil .... heures d ....
Nous avons fait tirer des prisons,
& amener pardevant nous en chambre d'icelles, ou de ce siege P .....
& R .... prisonniers & accusés, en
presence desquels sont comparus tel
.... & tel .... interprête nommés
d'office par jugement du ..... lesquels ont prêté le serment de bien,
fidelement, & en leur conscience
expliquer ausdits accusés la presente
confrontation, & ensuite à nous
leurs reponses, auquel P .... avons
confronté ledit R .... & les avons
tous deux interpellé de lever la main,
laquelle interpellation leur aiant été
expliquée par lesdits interprêtes en
langue telle .... ils ont levé la main,
leur avons ensuite dit ces mots : vous
promettez à Dieu de dire verité, ce
que lesdits interprêtes leur aiant expliqué, ils ont repondu, ainsi que
l'ont rapporté lesdits interprêtes, qu'ils
promettoient à Dieu de dire verité,

& leur aiant fait baisser la main,
nous les avons interpellé de declarer
s'ils se connoissent, laquelle interpellation leur aiant été expliquée par lesdits interprêtes, ils ont dit, ainsi que
l'ont rapporté lesdits interprêtes, que
. . . . . ce fait, avons fait faire lecture
audit P . . . . . du premier Article
de l'interrogatoire dudit R . . . . &
de la reponse contenant ses nom,
surnom, âge, qualité, demeure, &
religion, & de connoître ledit P . . . .
ou de ne pas connoître ledit P . . . .
& interpellé icelui P . . . . de fournir presentement de reproches, si
aucuns il a, contre ledit P . . . . .
sinon qu'il n'y sera plus reçû, après
qu'il aura eu lecture du surplus desdites reponses & repetition, suivant
l'Ordonnance que nous avons expliqué audit tel . . . . . son interprête,
ce que sondit interprête lui aiant
expliqué, il a dit, ainsi que l'a rapporté l'interprête, que . . . .

S il y a reproche fourni, on met:

Ce que ledit tel . . . . interprête
dudit R . . . . lui aiant expliqué, il
a dit, ainsi que l'a rapporté sondit
interprête, que . . . .

Après quoi avons fait faire lecture

en presence desdits interprêtes &
acculés du surplus des interrogatoires & reponses dudit R.... & de
sa repetition, & les aiant ledit tel
.... interprête expliqué audit P....
nous avons interpellé ledit P.....
de declarer s'ils contiennent verité.

Si on represente quelque piece de
conviction, on ajoute, representation
faite de telle chose ..... laquelle
interpellation aiant été expliquée audit P.... par sondit interprête, il
a dit, ainsi que l'a rapporté l'interprête, que .....

Laquelle interpellation aiant aussi
été faite & expliquée audit R....
par son interprête, ainsi que la reponse dudit P..... il a dit, ainsi
que l'a rapporté ledit interprête, que
sesdites reponses & repetition sont
veritables en tout leur contenu, qu'il
le soutient ainsi audit P..... &
que c'est dudit P.... present dont
il a entendu parler par sesdites reponses & repetition, & qu'il y persiste.

Ce que ledit tel ..... interprête
aiant expliqué audit P....il a dit,
ainsi que l'a rapporté sondit interprête, que ....

S'il y a requifition d'interpeller R..... on la mettra ainfi qu'on l'a marqué cy-devant.

Lecture faite aufdits interprêtes & accufés de la prefente confrontation, & la leur aiant lefdits interprêtes expliqué, ils ont repondu, ainfi que l'ont rapporté lefdits interprêtes, qu'ils y perfiftent chacun à leur égard, & ont lefdits interprêtes & accufés figné, ou lefdits interprêtes figné, & aiant interpellé les accufés de figner pareillement, ladite interpellation leur aiant été expliquée par lefdits interprêtes, ils ont declaré, ainfi que l'ont rapporté lefdits interprêtes, qu'ils ne fçavent, ou ne veulent figner.

S'il y a quelque rature, on ajoute, Approuvant la rature du mot tel .... roié en telle ligne de telle page de la prefente confrontation, ce que nous ont rapporté lefdits interprêtes, après l'avoir expliqué aufdits accufés.

Les interprêtes fignent en chaque page avec les accufés.

On obferve qu'après l'interrogatoire ou recolement & confrontation faits, fi on vouloit faire entendre de nouveaux témoins, il faudroit que la partie publique, ou la partie civile, donnât sa requête pour faire informer par addition, ce qui doit être ordonné, & ces nouveaux témoins ouis, seront recolés, s'ils font charge, sans rendre aucun jugement, parce que le recolement ordonné auparavant pour les autres témoins, vaut pour ceux-ci, & on les confrontera ensuite à l'accusé.

Il n'en seroit pas de même, s'il se presentoit quelques faits nouveaux, autres que ceux pour lesquels on a informé, qui meriteroient d'être poursuivis, il faudroit ainsi qu'on l'a deja dit ailleurs, à raison desdits faits, porter un nouveau decret contre l'accusé, quand même il seroit déja prisonnier, en ordonnant qu'il sera arrêté & écroüé, & l'acte d'écroüe à lui signifié, parlant à sa personne ; & après avoir été interrogé, on ordonnera le recolement & la confrontation, ausquels on procedera, comme on l'a vû cy-devant.

Si l'accusé n'a pû être pris & apprehendé, il faut lui faire le Procès par contumace.

CHAPI-

CHAPITRE IX.

Des défauts & Contumaces.

Éfaut & contumace en matiere criminelle font termes Sinonimes, qui fignifient un refus que fait un accufé decreté de prife de corps, de comparoir, & de fe mettre en état, c'eft-à-dire, de s'emprifonner pour fubir interrogatoire, & fouffrir l'inftruction de la procedure.

La contumace ne commence qu'après les affignations données à l'accufé à ban & à fon de trompe, ou cri public : il y en a de plufieurs fortes lefquelles s'inftruifent comme il fuit.

ARTICLE PREMIER.

De la grande Contumace.

LE decret de prife de corps n'aiant pû être executé contre l'accufé, il faut faire perquifition de fa perfonne, faifir & annoter fes biens, &

Art. 1.
Tit. 17.

F

l'affigner à quinzaine & à huitaine, fans pour cela rendre ni obtenir aucun jugement, parce que le decret fait dans les regles, ordonne lefdites perquifition, affignations, faifie & annotation, avec établiffement de Gardien ou de Commiffaire, & par confequent elles fe font en vertu du feul decret.

Art. 2.3. 7. 8 9. Tit. 17. La perquifition fera faite à fon domicile ordinaire, ou au lieu de fa refidence, fi aucune il a dans le lieu où s'inftruit le Procez, & copie laiffée du Procez verbal de perquifition, enfemble de l'affignation à quinzaine, après les délais de laquelle expirés, fera affigné à huitaine, à fon de trompe, fuivant l'ufage à la place publique, à la porte de la jurifdiction, & encore au devant du domicile, ou refidence de l'accufé.

Art. 3. 7 dud. Tit. 17 Si l'accufé n'avoit point de domicile, ou n'eut refidé dans le lieu de la jurifdiction; la copie du decret & des affignations fera affichée à la porte de l'Auditoire.

Il faut remarquer que fur les difficultés qui fe font trouvées dans l'explication de ces Art. 2. 3. 7. & 9. le Roy par fa Declaration en

forme d'Edit du mois de Decembre
1680. en les interpretant, & y ajou-
tant, a ordonné qu'il fuffifoit de
faire la perquifition dans la maifon
où refidoit l'accufé, dans l'étenduë
de la jurifdiction où le crime a été
commis, lui donner l'affignation à
quinzaine dans la même maifon, **y**
laiffer copie du Procez verbal de
perquifition & de l'exploit d'affignation, & l'affigner par cry public à
la huitaine à fon de trompe à la
place publique, à la porte de la jurifdiction, & audevant de ladite
maifon où il refidoit, lorfque dans
les trois mois du jour que le crime
a été commis, l'accufateur en voudra
pourfuivre, & faire inftruire la contumace.

Qu'il fuffifoit pareillement, fi l'accufé n'avoit pas refidé dans l'étenduë de la jurifdiction, de faire la
Perquifition dudit Accufé, & lui
donner l'affignation à quinzaine fuivant l'art 3. du même tître 17. c'eft-
à-dire, d'afficher à la porte de l'auditoire la copie du decret & de l'exploit d'affignation à quinzaine, lorfque dans les mêmes trois mois, du
jour que le crime a été commis, on

veut pourſuivre & faire inſtruire la contumace, ſans qu'il ſoit neceſſaire de faire leſdites Perquiſitions & donner les aſſignations au lieu où demeuroit l'Accuſé, avant qu'il eut commis le crime, & à faute de comparoir dans ladite quinzaine, l'aſſignation à huitaine laquelle doit être donnée par un ſeul cri public conformement à l'art. 8. du même tître, ſera faite & donnée à ſon de trompe, ſuivant l'uſage, à la place publique & à la porte de la juriſdiction où ſe fera l'inſtruction du procés.

Mais ſi après les trois mois échûs depuis que le crime aura été commis, l'Accuſateur veut pourſuivre & faire inſtruire la contumace, la Perquiſition de l'Accuſé doit être faite, & les aſſignations données au domicile ordinaire de l'accuſé, laquelle aſſignation ſera à quinzaine, & outre ce lui ſera donné le delai d'un jour pour chaque dix lieuës de diſtance de ſon domicile, juſqu'au lieu de la juriſdiction où il ſera aſſigné, & à faute de comparoir dans les delais ci-deſſus, il ſera crié à ſon de trompe par un cri public à huitaine dans le lieu de la jurisdiction où se fera le procez, & ledit cri & proclamation affiché à la porte de l'auditoire de ladite jurisdiction.

Enfin à l'égard de l'Accusé qui n'aura pas de domicile, soit qu'il soit poursuivi avant ou depuis les trois mois échûs, à compter du jour que le crime aura été commis, la copie du decret, ensemble l'exploit d'assignation, seront seulement affichés à la porte de l'auditoire de la jurisdiction.

PROCEZ VERBAL

De Perquisition de la personne de l'Accusé & d'Assignation à quinzaine.

L'An mil.... le.... en vertu du decret de prise de corps decerné par.... le.... signé & scellé, & à la Requête de Monsieur le Procureur du Roy audit siege, lequel a élû son domicile en son hôtel sis à.... ruë de.... Paroisse de.... & en la Maison de tel.... size à.... pour la validité du present exploit, ou à la requête de tel.... partie civile, Monsieur le Procureur du Roy

joint, lequel tel .... a élû son domicile en la maison de tel .... son
Procureur à .... size à .... ruë de
.... Paroisse de .... & en la maison de tel .... size à ...., ainsi qu'a
fait Mondit sieur Procureur du Roy,
pour la validité du présent exploit
seulement. Je tel ..... Huissier ou
Sergent de .... y immatriculé de
la Residence de .... y demeurant
ruë de .... Paroisse de ..... soussigné
assisté de tel .... journalier demeurant
à .... ruë de .... Paroisse de .... &
de tel .... aussi journalier demeurant audit à .... ruë de .... Paroisse de .... me suis transporté en la
maison & domicile de tel .... accusé, size à .... ruë de ...., ou en la
maison de tel .... size à .... ruë de
..... où l'on m'a dit que tel .... accusé residoit depuis trois mois, pour
prendre & apprehender au corps ledit tel .... pour ester à droit & être
ouï sur les charges & informations
contre lui faites, ce que je n'aurois
pû faire, attendu l'absence dudit tel
.... depuis tel .... tems, ainsi que
je l'ai appris de plusieurs de ses voi-
sins, pourquoi, après avoir fait une
exacte perquisition & recherche de

sa perfonne dans tous les lieux & endroits de ladite maifon & domicile, je lui ai donné affignation, en parlant à .... à comparoir dans quinzaine pardevant .... pour fe mettre en état és prifons dudit lieu, fatisfaire audit decret, & en outre repondre & proceder ainfi que de raifon; de tout quoi j'ai fait & dreffé le prefent Procés verbal pour fervir & valoir à Mondit fieur Procureur du Roy, ou à tel .... partie civile, ce qu'il appartiendra, duquel Procés verbal, enfemble dudit decret j'ai laiffé copie au domicile d'icelui accufé, ou en la maifon de tel ...., en parlant audit à .... à ce qu'il n'en ignore. Fait ledit jour & an que deffus, prefens & affifté de mefdits Témoins ci-devant nommés, & de tel ..... tel ..... Cavaliers de la Maréchauffée du Roy de la Refidence de ..... qui ont figné avec moi.

On procede enfuite à la faifie & annotation.

PROCEZ VERBAL

*De Saisie. & annotation des biens de
l'Accusé.*

L'An mil .... le .... en vertu du
decret de prise de corps decerné par ...... en datte du ...... signé
& scellé à la Requête de Monsieur
le Procureur du Roy audit siege,
lequel a élû son domicile en son
hôtel sis à .... ruë de ..... Paroisse
de .... & en la maison de tel .....
size à .... pour la validité du present exploit seulement, ou à la requête de tel .... partie civile, Monsieur le Procureur du Roy joint, lequel tel .... a élû son domicile en la
maison de tel ..... son Procureur, size
à ..... ruë de ..... Paroisse de .... &
en la maison de tel ..... size à .....
ainsi qu'a fait Mondit sieur Procureur
du Roy, pour la validité du present
exploit, en continuant la perquisition
par moi faite cejourd'hui, je tel ....
huissier, ou sergent de ..... y immatriculé de la Residence de ..... y
demeurant ruë de .... Paroisse de
.... soussigné, assisté de tel ..... &

tel .... journaliers demeurans audit
..... ledit tel ..... ruë de ..... Paroiffe de ..... & ledit tel ..... ruë de ....
Paroiffe de ..... me fuis tranfporté
en la maifon & domicile de tel ....
accufé, ou en la maifon de tel où
a refidé tel ..... accufé depuis trois
mois, fize à .... ruë de ..... où étant
& parlant à .... je lui ai fignifié &
declaré qu'attendu l'abfence dudit
tel ..... accufé, & jufqu'à ce qu'il
ait obéï à juftice, & ait été ouï &
interrogé fur les faits & charges refultans de l'information., j'allois,
conformement audit decret, proceder par voïe de faifie & annotation
fur fes biens meubles, & de fait en
l'abfence de deux de fes proches
voifins par moi requis & mandés
avant que d'entrer en ladite maifon
pour être prefens à ladite faifie conformement à l'ordonnance, & après
leur refus de ce faire, même de le
figner, & de me dire leurs noms,
de ce interpellés, j'ai faifi, annoté
& mis fous la main du Roy nôtre
Sire, & de juftice, tous les meubles
ci-après.

Premierement .... on fait le de-
tail des meubles, & on continuë;

tous lesquels meubles cy-dessus sans
deplacer, j'ai baillé, & laissé à la
garde de tel .... demeurant à ....
lequel parlant à sa personne s'en est
volontairement chargé, & a promis
de les representer toutes fois & quantes il en sera requis, comme depositaire de biens de justice, après qu'il
les a tenus pour transportés, & en
sa possession, lui aiant offert de ce
faire dont il s'est contenté, laquelle
saisie & annotation j'ai à l'instant
signifiée & dûment fait sçavoir audit
accusé, parlant que dessus à ce qu'il
n'en ignore, & lui ai laissé copie
du present exploit, le tout fait en
presence de mesdits témoins, lesquels ont signé avec moi.

EXPLOIT D'AFFICHE

*Du Decret & de l'Exploit d'Assigna-
tion à quinzaine.*

L'An mil .... le .... en vertu
du decret de prise de corps decerné par .... en datte du .....
signé & scellé .... & à la requête
de Monsieur le Procureur du Roy
lequel a élû son domicile en son

d hôtel fis à ...... ruë de ..... Paroiffe de ...., ou à la requête de
tel .... partie civile, Monfieur le
Procureur du Roy joint, lequel a
élû fon domicile en la maifon de tel
.... fon Procureur, fize à .... ruë
de .... Paroiffe de .... je tel ....
Huiffier, ou Sergent de .... y immatriculé de la refidence de ..... y
demeurant ruë de .... Paroiffe de
.... affifté de tel .... & tel ....
journaliers demeurans audit .... ledit tel .... ruë de .... Paroiffe de
.... & ledit tel .... ruë de ....
Paroiffe de .... me fuis tranfporté
au devant de la porte, & principale
entrée de l'auditoire de ladite jurifdiction de .... où étant j'ai mis,
& affiché à icelle porte copie dudit
decret, enfemble du prefent exploit
fuivant l'Ordonnance, pour valoir
perquifition de la perfonne dudit tel
.... accufé, le tout fait en la prefence de mefdits témoins ci-devant nommés, lefquels ont figné avec
moi.

ASSIGNATION

A quinzaine.

L'An mil .... le .... en vertu
du decret de prise de corps decerné par .... en datte du .....
signé & scellé, & à la requête de
Monsieur le Procureur du Roy lequel a élû son domicile en son hôtel
sis à ..... ruë de ..... Paroisse
de .... ou à la requête de tel ....
partie civile, Monsieur le Procureur
du Roy joint, lequel a élû son
domicile en la maison de tel ....
son Procureur, size à ruë de .....
Paroisse de .... je tel .... Huissier, ou Sergent de .... y immatriculé de la residence de .... y demeurant ruë de .... Paroisse de ....
soussigné, assisté de tel .... & tel
... journaliers demeurans audit ....
ledit tel ..... ruë de .... Paroisse
de .... & ledit tel .... ruë de ....
Paroisse de .... me suis transporté, en
continuant la perquisition par moi
ci-devant faite, au devant de la porte & principale entrée de l'auditoire
de ..... où étant j'ai donné assigna-

tion à tel .... accusé à comparoir
dans quinzaine pardevant .... pour
se mettre en état és prisons dudit
lieu en execution dudit decret, &
afin que ladite assignation soit publique, & que ledit tel ..... accusé
n'en puisse ignorer, j'ai mis & affiché
copie du present exploit à la porte
dudit auditoire, le tout fait en la
presence de mesdits témoins ci-devant nommés, lesquels ont signé avec
moi.

EXPLOIT

D'Assignation à huitaine & par cri Public.

IL 'An mil .... le .... en vertu du
decret de prise de corps decerné
par ..... en datte du ..... signé &
scellé, & à la requête de Monsieur
le Procureur du Roy qui a élû son
domicile en son hôtel sis à .....
ruë de .... Paroisse de .... ou à
la requête de tel .... partie civile, M.
le Procureur du Roy joint, lequel
tel .... fait élection de domicile en
la maison de tel .... son Procureur,
size à ..... ruë de .... Paroisse de

.... je tel .... Huiſſier ou Sergent
de .... y immatriculé de la reſidence de .... y demeurant ruë de
.... Paroiſſe de .... ſouſſigné,
aſſiſté de tel .... & tel .... journaliers demeurans à .... ledit tel
.... ruë de .... Paroiſſe de ....
& ledit tel .... ruë de .... Paroiſſe de .... me ſuis tranſporté
en la place de .... ou marché de
.... accompagné de tel .... trompette ordinaire de .... y demeurant, où étant ledit tel .... aiant
ſonné de ſa trompe, j'ai par un cri
public, donné aſſignation à tel ....
accuſé, à comparoir dans huitaine
pardevant .... pour ſe mettre en
état és priſons dudit lieu & ſatisfaire
audit decret, & à l'inſtant, je me
ſuis tranſporté au devant de la porte, & principale entrée de l'auditoire
de .... où étant ledit tel ....
aiant ſonné de ſadite trompe, j'ai
par un cri public fait pareille proclamation, & aſſigné ledit tel ....
accuſé, à comparoir à huitaine pardevant .... pour ſe mettre en état
és priſons dudit lieu, & ſatisfaire
audit decret.

Si l'accuſé a ſon domicile ou ſa

resídence dans l'étenduë de la jurifdiction, on ajoute, après quoi m'étant
tranfporté, affifté & accompagné que
deffus, au devant de la maifon &
domicile de tel .... accufé, ou de
la maifon de tel .... où refidoit
depuis trois mois tel ..... accufé,
ledit tel .... aiant fonné de fa trompe, j'ai par un cri public pareillement affigné ledit tel .... accufé à
comparoir dans huitaine pardevant
. .... aux fins ci-deffus, & en outre pour
repondre comme de raifon, dont &
de ce que deffus j'ai fait & dreffé
le prefent Procès verbal.

Si l'accufé n'a ni domicile ni refidence dans l'étenduë de la jurifdiction, on ajoute :

Duquel j'ai affiché copie à la porte de l'auditoire.

Le tout fait en la prefence de
mefdits témoins & dudit tel .....
trompette ci-devant nommés, qui ont
figné avec moi.

Après les delais des affignations
qui ne pouront être autres que celles
ci-deffus, à peine d'interdiction contre les Juges, & des dommages &
interêts des parties, la procedure fera
communiquée à la partie publique,

Art. 11.
12. 13.
Tit. 17.

& si elle est valablement faite, interviendra jugement sur ses conclusions, qui ordonnera que les témoins ouis en l'information & ceux que le Procureur du Roy pouroit faire entendre de nouveau, seront recolés en leurs depositions, & que leur recolement vaudra confrontation à tel .... accusé & contumace.

S'il y a quelques complices ou coaccusés presens, le même jugement portera, s'ils font charges, qu'ils seront repetés dans leurs reponses aux interrogatoires, pour leur repetition valoir confrontation à tel .... accusé & contumace.

On fait assigner les témoins par l'Ordonnance suivante.

ORDONNANCE
Pour Assigner les Témoins pour être Recolés.

DE l'Ordonnance de nous n.... & n.... Commissaires en cette partie, à la requête du Procureur du Roy, ou de tel .... partie civile, le Procureur du Roy joint, soit par le premier Huissier, ou Sergent sur ce requis, donnée assignation aux témoins qui lui seront nom-

més, à comparoir le .... telle heure, & autres jours suivans, en chambre criminelle, ou de ce siege, pour
en execution du jugement du ....
être recolés en leurs depofitions, &
leur recolement valoir confrontation à
tel .... accufé & contumax, aux
peines de l'Ordonnance en cas de defaut, de ce faire & récrire donnons
pouvoir. Fait audit siege le ....

Si quelque témoin fait defaut, re-
courrez au chapitre 4.

Les témoins aiant été recolés, &
les coaccufés, s'il y en a, repetés,
ainfi qu'on l'a vû aux chap. 7. & 8.
le Procez eft de nouveau communiqué à la partie publique, laquelle
donne fes conclufions diffinitives,
& icelles vûës, après lecture ou vifite
dudit Procez, on rend le jugement
diffinitif, lequel doit declarer la con- Art. 15.
tumace bien inftruite contre l'accufé, Tit. 17.
& en adjugeant le profit, le decla-
rer atteint & convaincu de .....
pour reparation de quoi, le condamner en telles peines qu'au cas appartiendra. Ce jugement fera executé
suivant la difpofition de l'Art. 16.
dudit tit. 17. & le Procez verbal Art. 17.
d'execution fera mis au pied dudit dud. Tit.

jugement signé du Greffier seulement.

ARTICLE II.

*De la Procédure contre l'Accusé qui
a pour prison le lieu de la Jurisdiction,
& ne se représente pas.*

Art. 10.
Tit. 17. SI l'accusé qui a pour prison le
lieu de la jurisdiction où s'instruit
son Procés, ou les chemins de celle où il est renvoié, ne se represente pas, il sera assigné par une
seule proclamation à la porte de
l'auditoire, & le Procez verbal de
proclamation affiché au même endroit, & il sera procedé sans autres
formalités au reste de l'instruction,
& au jugement du procez.

On trouvera le modéle de l'assignation ci-devant.

On communique le procez à la
partie publique, & sur ses conclusions intervient jugement, qui ordonne que les Témoins ouïs en l'information seront recolés, & que leur recolement vaudra confrontation à tel
..... accusé & contumax. Le recolement fait & la procedure de nou-

veau communiquée à ladite partie publique, on procede au jugement diffinitif, comme on vient de le dire à l'art. precedent.

ARTICLE III.

De la Contumace, faute de comparoir à la confrontation.

SI un Accufé decreté d'ajournement perfonel ne comparoit pour la confrontation, il faut convertir le decret d'ajournement perfonel en decret de prife de corps de la maniere qu'on l'a dit à l'art. 3. chap. 5. & s'il ne peut être appréhendé, inftruire le Procés par contumace, de la même façon que fi le decret avoit été originaire, c'eft-à-dire, qu'il faut faire perquifition de fa perfonne, annoter fes biens, & l'affigner à quinzaine & à huitaine. La contumace ainfi inftruite, on ordonnera que le recolement vaudra confrontation, & on procedera enfuite au jugement diffinitif.

Let. circ.
27. Juin
1733.

Il faut remarquer que fi un accufé, lequel a été originairement en état de decret de prife de corps, ne fe represente pas pour la confrontation, il faut de nouveau le decreter de prise de corps, & instruire contre lui la contumace. Il se trouve plusieurs Arrêts qui l'ont ainsi decidé, & entre autres celui rendu en la chambre de la Tournelle le six Juillet 1697. sur l'appel du Juge de ...... par lequel arrêt il est enjoint au Juge & au Procureur fiscal de ..... qu'en procedant à l'instruction des procés des Accusés, lorsqu'ils ne se representeront point pour subir la confrontation des Témoins, soit qu'ils aient été originairement en état de decret de prise de corps, ou d'ajournement personel, de decerner decret de prise de corps contre eux, & d'instruire la contumace suivant l'ordonnance, sans pouvoir en aucuns cas requerir, ni ordonner que le recolement vaudra confrontation, qu'après que la contumace sera entierement acquise & instruite conformement à ladite ordonnance, à peine de nullité & de repondre en leurs noms des dépens, dommages & interêts des parties.

ARTICLE IV.

De la Contumace faute de préfence

CEtte forte de Contumace a lieu, lorfqu'un Accufé decreté d'ajournement perfonel, après avoir fubi l'interrogatoire & la confrontation, ne fe reprefente point pour purger le dernier interrogatoire requis par la declaration du Roy du 13. Avril 1703.

Dans l'inftruction de cette contumace, il faut rendre un jugement par lequel il fera enjoint à l'accufé de fe rendre à .... tel jour, telle heure dont copie lui fera fignifiée avec affignation à comparoir, & s'il ne le fait, la Partie publique doit requerir, & obtenir jugement qui portera que l'Accufé fera pris & apprehendé au corps, & qu'au cas qu'il ne puiffe l'être, perquifition fera faite de fa perfonne, fes biens faifis & annotés, & à iceux établis Commiffaire & Gardien. Le procés verbal de perquifition fera affiché à la porte de l'Auditoire, & l'Accufé y fera affigné à la huitaine,

Let. circ. 27. Juin 1713.

laquelle écoulée, il fera procedé au Jugement diffinitif du Procez par contumace.

Par Arrêt de la Tournelle du 13. Octobre 1731. la Sentence renduë par le Juge de.... a été declarée nulle, pour la contumace n'avoir pas été inftruite contre un des accufés qui ne s'etoit réprefenté pour purger le dernier interrogatoire.

ARTICLE V.

De la procedure contre l'Accufé qui s'évade des prifons après l'interrogatoire.

Art. 24. 25. Tit. 17,

SI l'Accufé étant prifonnier vient à s'évader des prifons aprés avoir fubi l'interrogatoire, il ne fera ni ajourné, ni proclamé à cry public. Les Commiffaires fe tranfporteront dans la prifon, & tiendront Procez verbal de l'évafion de l'Accufé, & fur les conclufions de la Partie publique laquelle prendra communication dudit Procez verbal, il fera ordonné qu'il fera informé du bris de prifon, & le Procez s'inftruira à l'Accufé pour ce nouveau crime

par defaut & contumace. C'eſt-à-
dire qu'il faudra décreter l'Accuſé de
priſe de corps, faire perquiſition de
ſa perſonne, ſaiſir & annoter ſes
biens, l'aſſigner à quinzaine, & enſuite par cry public à la huitaine
ſuivante; & la contumace inſtruite
ainſi, on ordonnera ſur les concluſions de la partie publique, que les
Temoins ſeront recolés, pour leur
recolement valoir confrontation.

On obſerve qu'on ne doit inſtruire
ce Procez ſur bris de priſon, qu'a-
prés avoir inſtruit le premier, & pour
cela il aura été neceſſaire d'ordonner ſur les concluſions de ladite
Partie publique, que les Temoins qui
n'avoient pas encore été entendus,
ſeront ouïs, & que ceux qui l'ont
été, ſeront recolés, pour leur recolement valoir confrontation à l'accuſé contumax. Ces procedures ainſi achevées, la partie publique prendra communication des deux procez, & donnera des concluſions diffinitives ſur l'un & l'autre crime,
ſur leſquelles interviendra le jugement diffinitif par contumace, tant
ſur le crime qui a donné lieu à la
premiere inſtruction, que ſur celui

de bris de prison, lequel est punissable en France.

Il faut remarquer que si l'Accusé ne se represente, ou n'est constitué prisonnier dans les cinq années de l'execution de la Sentence de contumace, les condamnations pecuniaires, amendes & confiscations seront reputées contradictoires, & vaudront comme ordonnées par Arrêt : mais s'il est arrêté, ou se represente dans les prisons du Juge qui l'a condamné, après le Jugement & dans lesdites cinq années, les defauts & contumaces sont mis au néant, sans qu'il faille interjetter appel de la Sentence de contumace, ni obtenir aucun jugement.

L'Accusé arrêté, ou s'étant representé sera interrogé, & la confrontation des Témoins étant faite en vertu de jugement rendu sur les conclusions de la partie publique, il sera procedé au dernier interrogatoire, & ensuite au jugement diffinitif.

CHAPI-

CHAPITRE X.

Du dernier Interrogatoire.

LEs Confrontations étant achevées, la partie publique prend de nouveau communication du Procez pour donner des conclusions diffinitives, & ensuite les Juges aiant vû le Procez, & lesdites conclusions aiant été ouvertes & lûës (car elles se mettent sur le Bureau closes & cachetées) il faut faire subir à l'Accusé le dernier Interrogatoire en présence de tous les Juges.

Si l'Accusé n'étoit pas Prisonnier, il faudroit le faire assigner pour subir ledit interrogatoire conformement à la déclaration du Roy du 13. Avril 1703.

ASSIGNATION
A l'Accusé pour subir le dernier Interrogatoire.

DE la part du Procureur du Roy à ..... soit donné Assignation à tel .... accusé, à comparoir le ..... telle heure du matin en Chambre de ....pour subir le dernier Interrogatoire qui lui sera proposé pardevant ses Juges sur les faits repris au Procés criminel instruit à sa charge, à la Requête dudit Procureur du Roy, ou de tel ..... partie civile, ledit Procureur du Roy joint, aux peines de l'ordonnance en cas de défaut. Fait à .... le ....

Si l'Accusé ne comparoit point, il faudra instruire contre lui la contumace faute de presence, comme on vient de le dire à l'art. 4. du chap. précedent.

Si l'Accusé comparoit, ou est prisonnier, on procede à son Interrogatoire comme il suit; observant que cet Interrogatoire se met dans un cahier séparé du reste de la procedure. L'Accusé doit prêter serment avant que de répondre; il sera interrogé, ou debout, ou sur la sellette, suivant les conclusions : On lui representera les pieces de Conviction, si aucune y a, & on l'interpellera de les reconnoître; on lui fera lecture de l'Interrogatoire, & il en sera fait mention.

Cet Interrogatoire sera signé en

chaque page par l'Accufé & par le Juge qui préfidera, lequel cottera & paraphera auffi chaque page : fi l'Accufé ne fçait, ou ne veut figner, on en fera mention.

Il ne faut faire aucune rature ni interligne ; fi l'Accufé fait quelque changement dans quelqu'unes de fes reponfes, on le couche de fuite, en mettant, depuis l'Accufé a dit en s'expliquant que .....

Telle eft la difpofition des articles 10. 12. & 21. du tit. 14. de l'ordonnance de 1670.

Dernier Interrogatoire.

L'An mil .... le .... heures du matin, à la Requête du Procureur du Roy, ou de tel .... partie civile, le Procureur du Roy joint, a été tiré des prifons, & amené en Chambre de ce Siege P. .... prifonnier accufé, lequel étant affis fur la fellette, ou debout derriere le Barreau, après ferment par lui fait de dire verité, a repondu aux interrogatoires qui lui ont été propofés par tel .... en préfence de ..... comme il fuit.

Interrogé de fes nom, furnom, âge, qualité, demeure & religion.

A repondu s'appeller tel .... âgé.

de .... d'une telle profession, demeurant à .... & de la religion .....

Interrogé .....

A repondu ......

On continuë de la sorte l'Interrogatoire, & si on représente quelque piece de Conviction, on met:

A été representé à l'Accusé telle
chose ...., & interpellé de declarer,
ou de convenir .....

A repondu .....

A lui représenté qu'il ne dit pas
la verité, puisque .....

A repondu .....

On finit l'Interrogatoire par les
deux demandes suivantes:

Interrogé s'il n'a été repris de justice.

A repondu .....

Interrogé s'il veut se justifier &
comment.

A repondu ......

Lecture à lui faite du présent Interrogatoire & de ses reponses, il a
dit que ses reponses contiennent verité, y a persisté & signé, ou declaré ne sçavoir ou ne vouloir signer,
de ce interpellé.

Si l'Accusé n'est pas prisonnier,
on met; est comparu, au lieu de ces

mots: a été tiré des prisons, & la forme de l'Interrogatoire est la même.

Si l'Accusé n'entend pas la langue françoise, on se sert de l'Interprête qu'on fait assigner à cet effet, il doit être debout derriere le Barreau, & signer aussi l'Interrogatoire en chaque page.

Art. 13.
Tit. 14.

Dernier Interrogatoire par Interprête.

L'An mil .... le ..... telle heure du matin, à la Requête du Procureur du Roy, ou de tel .... partie civile, le Procureur du Roy joint, a été tiré des prisons & amené en Chambre de ce Siege P......... prisonnier accusé, en présence duquel est comparu tel ..... interprête ordinaire, ou nommé d'office par jugement du .... lequel a prêté le serment de bien, fidélement & en sa conscience expliquer à l'Accusé les interrogatoires ci-après, & ensuite les reponses dudit Accusé, lequel étant assis sur la sellette ou debout derrier le Barreau, a été interpellé par tel .... en présence de ...... & dudit Interprête, de lever la main.

Laquelle interpellation aiant été expliquée à l'Accusé par ledit Interprête, il a levé la main. Lui ont ensuite été dit ces mots : vous promettez à Dieu de dire verité.

Ce que ledit Interprête ayant expliqué à l'Accusé, il a repondu, ainsi que l'a rapporté l'Interprête , qu'il promettoit à Dieu de dire verité.

Et lui ayant fait baisser la main , il a été interrogé de ses nom , surnom, âge, qualité , demeure & religion.

Ce que ledit Interprête ayant expliqué à l'Accusé , il a repondu, ainsi que l'a rapporté l'Interprête , qu'il s'appelle ..... qu'il est âgé de .... d'une telle profession demeurant à..... & qu'il est de la Religion ....

Interrogé ......

Ce que ledit Interprête ayant expliqué à l'Accusé , il a dit, ainsi que l'a rapporté l'Interprête , que.....

On continue de la sorte l'interrogatoire , & pour le surplus, on se conformera au modele precedent. Lecture faite ausdits Interprête & Accusé du present interrogatoire & des reponses dudit Accusé , & les ayant ledit Interprête expliqué audit Accusé , il a dit , ainsi que l'a rapporté

l'Interprête , que ſes reponſes contiennent verité , & qu'il y perſiſte ,
& ont leſdits Interprête & Accuſé , ſigné , ou , & a ledit Interprête
ſigné ; & ledit Accuſé aiant été interpellé de ſigner pareillement , ladite interpellation lui aiant été expliquée par ledit Interprête , il a dit ,
ainſi que l'a raporté l'Intreprête ,
qu'il ne ſçavoit , ou ne vouloit ſigner.

CHAPITRE XI.

De la prononciation des jugemens

ou ſentences diffinitifs.

INTERROGATOIRE
dernier étant ſubi, les
Juges procedent au ju-
gement diffinitif du
Procez extraordinaire,
& ce jugement rendu, le Greffier en
doit faire la prononciation à l'Accuſé
en préſence des Commiſſaires & du
Procureur du Roy, de laquelle pro-

nonciation le Greffier fait mention par le Procez verbal qu'il tient au pied dudit jugement, & qu'il figne.

PROCEZ VERBAL

De prononciation de la fentence diffinitive.

L'An mil ...... le ...... telle heure d .... je tel ..... Greffier de ..... fouffigné, me fuis tranfporté en la Chambre de la Geole des prifons de ce Siége, où P. ..... prifonnier accufé aiant été amené, je lui ai, préfens tel .... & tel ..... Commiffaires, & le Procureur du Roy, prononcé le jugement contre lui rendu ce jour-d'hui par .... au procés extraordinairement inftruit en ce Siege à fa charge, à la Requête dudit Procureur du Roy, ou de tel ..... partie civile, le Procureur du Roy joint, & après l'avoir ouï, l'Accufé a dit ....

S'il y a appel *à minimâ*, on met:

Et par ledit Procureur du Roy a été dit qu'il appelloit *à minimâ*. Ainfi fait les jour, mois, an & prefens que deffus.

Si l'Accufé n'entend pas la langue

françoise, on se sert de l'Interprête.

Autre par Interprête.

L'An mil .... le .... telle heure d .... je tel .... Greffier de .... soussigné, me suis transporté en la chambre de la Geole des prisons de ce Siege, où a été amené P. .... prisonnier accusé, en presence duquel est comparu tel ... son interprête pour lui expliquer la teneur de la Sentence diffinitive contre lui renduë ce jourd'hui au Procés extraordinairement instruit à sa charge en ce Siége, à la requête du Procureur du Roy, ou de tel .... partie civile, le Procureur du Roy joint, où étant & presens tel .... & tel ... Commissaires, & ledit Procureur du Roy, j'ay prononcé audit P. ... accusé la susdite Sentence, laquelle lui ayant été expliquée par ledit interprête, il a dit, ainsi que l'a rapporté l'Interprête, que ....

S'il y a appel *à minimâ*, on ajoûte :

Et par ledit Procureur du Roy, a été dit qu'il en appelloit *à minimâ.*

Ce que ledit interprête a encore expliqué audit Accusé; & a signé : ainsi fait les jour, mois, an, & presens que dessus. G 5

Si l'Accusé n'est pas prisonnier, le Procés verbal sera conforme au modéle suivant.

- - - - - - -

PROCEZ VERBAL

De prononciation, lorsque l'Accusé n'est pas prisonnier.

L'An mil . . . . . le , ... telle heure d . . . . . est comparu en Chambre de . . . . P . . . . . accusé, auquel je tel . . . . . Greffier du Siege, presens tel & tel . . . . . Commissaires & le Procureur du Roy , ay prononcé la sentence contre lui renduë cejourd'hui au procez extraordinairement instruit à sa charge en cedit Siege, à la Requête dudit Procureur du Roy , ou de tel . . . . partie civile , ledit Procureur du Roy joint , & après l'avoir oüy , l'Accusé a dit que . . . . . s'il y a appel à *minimâ* , on ajoute , & par ledit Procureur du Roy a été dit qu'il en appelloit à *minimâ* , ainsi fait les jour , mois, an , & presens que dessus.

Autre par Interprête.

L'An mil . . . . le . . . . telle heure d . . . . est comparu en Chambre

de .... P .... accufé , en préfence
duquel eft auffi comparu tel , fon Interprête, à effet de lui expliquer la teneur de la Sentence diffinitive , cejourd'hui renduë contre lui au procez
extraordinairement inftruit à fa charge
en cedit Siége , à la Requête du Procureur du Roy , ou de tel .... Partie
civile , le Procureur du Roy joint ,
auquel P .... accufé je tel .... Greffier dudit Siege fouffigné , préfens tel
.... & tel .... Commiffaires , &
ledit Procureur du Roy , ay prononcé ladite Sentence , laquelle lui ayant
été expliquée par fondit Interprête ,
il a dit, ainfi que l'a rapporté l'Interprête , que....s'il y a appel à *minimâ* , on ajoute , & par ledit Procureur
du Roy a été dit , qu'il en appelle à
minimâ.

Ce que ledit Interprête a auffi expliqué audit Accufé , & a figné. Ainfi
fait les jour , mois , an , & préfens que
deffus.

CHAPITRE XII.

Des Faits justificatifs.

Art. 1
2. 3. 4. 5.
6. & 7
Tit. 28.

O N ne sçauroit ordonner la preuve d'aucuns faits justificatifs, ni entendre aucuns témoins pour y parvenir , qu'aprés la visite du Procez. Le Juge choisira lesd. faits du nombre de ceux que l'Accusé aura articulés dans les interrogatoires & confrontations , & n'en sera fait preuve d'aucun autre. Ils seront inferés dans le même Jugement qui en ordonnera la preuve.

Ce Jugement sera prononcé incessamment à l'Accusé par le Juge , & au plus tard dans les vingt-quatre heures. Il sera interpellé lors de nommer sur le champ les témoins , par lesquels il entend justifier lesdits faits , sinon il n'y sera plus reçu.

Aprés que l'Accusé aura nommé une fois les témoins , il ne pourra plus en nommer d'autres , & tiendra prison pendant l'instruction de ladite preuve ; les témoins feront affignés à la Requête de la Partie publique , & ouïs d'Office par les Commiffaires.

Si l'Accufé eft en état de faire les frais de la preuve , il fera tenu de configner au Greffe , la fomme qui fera ordonnée par le Juge , autrement les frais feront avancés par la Partie civile , s'il y en a , finon par le Domaine , ou le Seigneur. Le Procez verbal de prononciation fe fait comme il fuit.

PROCEZ VERBAL

De prononciation du Jugement, qui admet l'Accufé à fes faits juftificatifs.

L'An mil ...... le ...... heures d ..... nous N ..... & N ..... Commiffaires en cette partie, accompagnés du Procureur du Roy , Nous fommes tranfportés en la chambre de la geole des Prifons de ce Siege , où nous avons fait amener pardevant Nous P .... Prifonnier accufé, auquel , prefent le Greffier de ce Siége, avons prononcé le Jugement rendu cejourd'hui au procez extraordinaire-

ment inftruit contre lui, à la Requé-
te dudit Procureur du Roy, ou de
tel . . . . Partie civile, le Procureur
du Roy joint, par lequel Jugement,
ledit Accufé a été reçû à faire preuve
que . . . . . faits juftificatifs par lui articulés, & l'avons interpellé de nommer prefentement les perfonnes ou
témoins, par lefquels il entend juftifier lefdits faits, & lui avons declaré
qu'à faute de ce, il n'y fera plus reçû,
lequel après la lecture dudit Jugement, & fuivant l'interpellation à lui
faite cy-deffus, a dit, qu'il nomme
tel . . . . tel . . . . . d'une telle profeffion, demeurans à . . . . tel . . . . &c.
pour témoins qui peuvent depofer fur
lefdits faits juftificatifs. Lecture à luy
faite du prefent procez verbal, il a
perfifté en la nomination defdits témoins, & a figné, ou, & a declaré ne
fçavoir, ou ne vouloir figner, de ce
interpellé : s'il y a quelque rature, on
ajoute, approuvant la rature du mot
tel . . . . royé en telle ligne de telle
page du prefent procez verbal. Ainfi
fait les jour, mois, an, pardevant &
prefens que deffus.

Les Commiffaires & le Greffier fignent ce procez verbal.

On obferve que ce n'eft point le Greffier qui fait, ni doive faire la prononciation du Jugement , mais bien les Commiffaires , conformement à la difpofition de l'art. 4. du tit. 28.

Si l'Accufé n'entend pas la Langue Françoife, il faut fe fervir de l'Interprête.

Autre par Interprête.

L'An mil….. le …. telle heure d…. Nous N… & N….. Commiffaires en cette partie, accompagnés du Procureur du Roy, Nous fommes tranfportés en la chambre de la geole des prifons de ce Siege, & y avons fait amener pardevant Nous P…. Prifonnier accufé, en prefence duquel eft comparu tel …. Interprête ordinaire , ou nommé d'Office par Jugement du …. & après ferment par lui fait de bien , fidélement & en fa confcience expliquer à l'Accufé le contenu au Jugement, & les interpellation & declaration cy-après, & à Nous les réponfes dudit Accufé, lui avons prononcé , prefent le Greffier de ce Siege , le Jugement rendu ce jourd'hui au procez extraordinai-

rement inſtruit à ſa charge , à la Requête dudit Procureur du Roy , ou
de tel . . . . partie civile , le Procureur du Roy joint , par lequel ledit P. . . . . . a été reçû à faire preuve que . . . . . faits juſtificatifs par
lui articulés , & ledit Interprête lui
ayant expliqué la teneur dudit Jugement , nous l'avons interpellé de
nommer preſentement les témoins,
par leſquels il entend juſtifier leſdits
faits , & lui avons declaré qu'à faute
de ce , il n'y ſera plus reçû, leſquelles interpellation & declaration aïant
été expliquées à l'Accuſé par ledit
Interprête , il a dit , ainſi que l'à rapporté l'Interprête , qu'il nomme tel,
. . . . d'une telle profeſſion , demeurant à . . . . tel. . . . &c. pour témoins
qui peuvent depoſer ſur leſdits faits
juſtificatifs.

Lecture faite auſdits Interprête &
Accuſé du preſent procès verbal , &
l'ayant ledit Interprête expliqué aud.
Accuſé, il a dit, ainſi que l'a rapporté l'Interprête, qu'il perſiſte en la nomination deſdits témoins , & ont ſigné, ou, & a ledit Interprête ſigné,
& ayant interpellé ledit Accuſé de ſigner pareillement , ladite interpella-

tion ayant été expliquée à l'Accusé par ledit Interprête, il a dit, ainsi que l'a rapporté l'Interprête, qu'il ne sçavoit, ou ne vouloit signer.

S'il y a quelque rature, on ajoute, approuvant la rature du mot tel.... royé en telle ligne de telle page du present procez verbal, ainsi que nous l'a rapporté l'Interprête, après l'avoir expliqué à l'Accusé. Ainsi fait les jour, mois, an, pardevant & presens que dessus.

Les témoins étant assignés, comme on l'a dit cy-devant, comparans, on procede à l'enquête en la forme suivante, y observant les formalités prescrites par l'Ordonnance.

ENQUESTE.

L'An mil..... le ..... heures d...Nous N...& N...Commissaires en cette partie, accompagnés de tel....Greffier de ce Siege, en execution du Jugement du..... rendu entre le Procureur du Roy, ou tel....partie civile, le Procureur du Roy joint, d'une part; & P....accusé d'autre, par lequel avant que de faire droit, ledit Accusé a été admis à ses

faits justificatifs par témoins, avons
procedé à l'audition d'iceux, comme
il suit.

Est comparu tel..... d'une telle
profession ... demeurant à .... âgé
de .... témoin assigné par exploit du
Sergent tel .... du .... qu'il nous a
representé, lequel aprés serment par
lui fait de dire verité, & sa declaration de n'estre parent, allié, serviteur
ni domestique des parties.

A dit & deposé sur les faits contenus audit Jugement du .... dont
lui avons fait faire lecture que ...
on couche la deposition de suite, &
on la ferme ainsi : qui est tout ce qu'il
a dit sçavoir. Lecture à lui faite de sa
deposition & interpellé de declarer si
elle contient verité, & s'il y persiste ;
il a dit que sa deposition contient
verité, & qu'il y persiste, & a signé,
ou declaré ne sçavoir ou ne pouvoir
signer, de ce interpellé.

S'il y a quelque rature, on ajoute,
approuvant la rature du mot tel ...
royé en telle ligne de telle page de la
presente deposition, & nous ayant
ledit témoin requis taxe, lui avons
taxé tant..... pour tant de jours à
pied ou à cheval, ou en voiture.

Si quelque témoin n'entendoit la Langue Françoise, on se conformera à ce qui a été dit cy-devant au chap. 4. de l'information.

L'enquête étant achevée, elle sera communiquée à la partie publique pour donner ses conclusions, & à la partie civile, s'il y en a, & sera jointe au Procez. _{Art. 8. Tit. 28.}

Les Parties pourront donner leurs Requêtes, ausquelles elles ajouteront telles pieces qu'elles aviseront sur le fait de l'Enquête ; & les Requêtes & Pieces seront signifiées respectivement, & copies baillées sans que pour raison de ce, il soit besoin de prendre aucun reglement, ni de faire une plus ample instruction.

CHAPITRE XIII.

De la Question.

L A Question est une espece de peine prononcée contre l'Accusé, soit pour tirer de sa bouche la verité sur certains faits qui ne sont pas entierement prouvez au Procez, soit pour avoir revelation de ses complices. De là vient que l'une est appellée provisoire & l'autre préalable. La premiére tend à obliger l'Accusé à convenir du crime dont il s'agit, & la seconde à lui faire declarer ses complices.

Art 1. 2.
5. 6. 7. 8.
9. 10. &
11 Tit.
39.

Tous Juges peuvent ordonner que l'Accusé sera appliqué à la Question; mais aussi il faut qu'il y ait preuve considerable contre lui, que le crime merite peine de mort, & qu'il soit constant. Ils pourront arrêter, que nonobstant la condamnation à la question, les preuves subsisteront en leur entier, auquel cas ils pourront le condamner à toutes sortes de peines pécuniaires, ou afflictives, excepté toutes fois celle de la mort, à laquelle ne pourra être condamné un Accusé qui aura souffert la question sans rien avouer, si ce n'est qu'il survienne de nouvelles preuves depuis la question.

Les Sentences de condamnation à la question ne pourront être executées, qu'elles n'aient été confirmées par Arrêt, & il n'y a que les Cours superieures qui puissent ordonner que l'Accusé sera presenté à la question sans y être appliqué.

Le jugement de condamnation à la question sera dressé & signé sur le champ, & les deux Commissaires se transporteront dans la Chambre de la Question, sans divertir, pour le faire prononcer à l'Accusé, & y étant amené & étant nuë tête & à genoux, lecture lui sera faite de l'Arrêt.

On lui fera ensuite prêter serment, & assis sur la sellette, il sera interrogé sur les faits dont il s'agit, il signera l'interrogatoire, sinon sera fait mention de son refus, ou qu'il ne sçait signer.

On le fait enfuite deshabiller &
mettre fur la queftion, & y étant attaché & étendu, on redige par écrit
ce qu'il dira. On l'interroge à chaque tour, & les Commiffaires chargent
leur Procez verbal de l'état de la
queftion & des reponfes, confeffions,
denegations & variations à chacun
article de l'interrogatoire.

Les Commiffaires peuvent moderer une partie des rigueurs, quand
l'Accufé confeffe, & au cas de va-
riation, le faire remettre dans les
mêmes rigueurs, fans néanmoins le
faire detacher, ni ôter entierement de
la queftion, car il ne fçauroit plus y être
remis à raifon du même crime, quelque nouvelle preuve qu'il furvienne.

La queftion fubie, & l'Accufé detaché, il fera encore interrogé fur lefdits faits, foit qu'il ait confeffé ou
qu'il ait denié; c'eft ce qu'on appelle
l'interrogatoire fur les matelas.

On remarque évidemment que
l'Accufé doit fubir trois interrogatoires qui fe mettent de fuite & dans
un feul cahier, fçavoir l'un avant la
queftion, l'autre pendant la queftion,
& le troifiéme après la queftion.

L'Accufé & les Commiffaires

doivent figner à la fin de chaque
interrogatoire, & en chaque page
lefquelles feront auffi cottées & paraphées par lefdits Commiffaires.

Le Medecin & le Chirurgien qui
affiftent ordinairement à la queftion,
fignent à la fin du Procez verbal qui
fe fait comme il fuit.

PROCEZ VERBAL

De Queftion.

L'An mil .... le .... heures du
matin nous n..... & n.....
Commiffaires en cette partie, nous
fommes tranfportés en la chambre de
la queftion de ´.... & y avons fait
amener pardevant nous P.... prifonnier Accufé, auquel étant nûë
tête & à genoux, avons fait prononcer par le Greffier de ce fiege le
contenu en la fentence du ......
confirmée par Arrêt de nos Seigneurs du Confeil d'Artois du .....
par laquelle avant que de procéder
au Jugement diffinitif du Procès, il
auroit été ordonné que ledit P.....
feroit appliqué à la queftion ordinaire & extraordinaire, & interrogé fur

les faits refultans dudit Procez, ou,
fi la queftion eft préalable :

Par laquelle ledit P..... a été
condamné au dernier fupplice par la
Corde, & a été ordonné, qu'avant
l'execution il fera appliqué à la queftion ordinaire & extraordinaire pour
avoir revelation de fes complices.

Lequel Accufé étant affis fur la
Sellette, après ferment par lui fait de
dire verité, a été par nous interrogé
comme il fuit.

Interrogé de fes nom, furnom,
âge, qualité, demeure.

A repondu s'appeller ....

Interrogé ....

A repondu .....

On continuë ainfi l'Interrogatoire.

Lecture à lui faite du préfent interrogatoire, & de fes reponfes, il
a dit que fes reponfes contiennent
verité, y a perfifté & figné, ou declaré ne fçavoir ou ne vouloir figner,
de ce interpellé.

Ce fait, l'Accufé a été deshabillé,
& mis fur le Siege de la queftion
par l'Executeur en préfence de Me.
N..... Medecin & N..... Chirurgien
demeurant à ...., & après avoir été
attaché par les bras & jambes en la
maniere

maniere accoûtumée, & réïteré le ſerment de dire verité; étant étendu au-deſſus du banc, a dit ....

Interrogé au premier tour ....

A repondu .....

Interrogé au deuxiéme tour ....

A repondu .....

Interrogé au troiſiéme tour .....

A repondu .....

Interrogé au quatriéme tour ....

A repondu ....

Et l'aiant laiſſé quelque tems éten-du , a été interrogé .....

A répondu .....

Aprés quoy l'avons fait détacher de l'ordinaire & appliquer à la queſ-tion extraordinaire , & étant attaché & ſuſpendu , interrogé.....

A repondu.....

Interrogé au dernier tour....

A repondu.....

Lecture à lui faite du preſent In-terrogatoire & de ſes reponſes, il a dit que ſes reponſes contiennent veri-té, y a perſiſté, & ayant été deta-ché, a ſigné ou declaré ne ſçavoir, ou ne vouloir ſigner, de ce interpellé.

Ce fait l'Accuſé ayant été habillé, a été de nouveau interrogé....

A repondu.....

H

Lecture à lui faite du preſent interrogatoire & de ſes réponſes, il a dit que ſes réponſes contiennent verité, y a perſiſté, & ſigné, ou declaré ne ſçavoir, ou ne vouloir ſigner, de ce interpellé. Ainſi fait les jour, mois, an, pardevant & préſens que deſſus, & l'Accuſé a été remis ès mains & à la garde du Geolier pour le remener eſdites priſons.

Si l'Accuſé n'entend pas la langue Françoiſe, il faut ſe ſervir de l'Interprête lequel ſignera auſſi en chaque page & à la fin de chaque interrogatoire.

Autre par Interprête.

L'An mil ...... le ..... heures du matin nous N..... & N. Commiſſaires en cette partie, avons fait tirer des priſons & amener pardevant nous en Chambre de la queſtion de ...... P..... priſonnier accuſé, en preſence duquel eſt comparu tel .... interprete ordinaire, ou nommé d'office par jugement du ..... lequel a prêté le ſerment de bien, fidelement, & en ſa conſcience expliquer à l'Accuſé le contenu en la Sentence du ....

confirmée par Arrêt de Nosseigneurs
du Conseil d'Artois du .... &
les interrogatoires ci-après , parce
qu'il n'entend pas la langue Françoise,
& à nous les reponses dudit Accusé,
auquel étant nuë tête & à genoux,
avons fait prononcer par le Greffier
de ce Siege ledit Arrêt, par lequel,
avant proceder au Jugement diffinitif du Procez , il auroit été ordonné que ledit Accusé seroit appliqué à
la question ordinaire & extraordinaire, & interrogé sur les faits re-
sultans dudit Procez.

Ou si la question est préalable.

Par lequel ledit Accusé a été condamné au dernier supplice par la
corde, &c. Et a été ordonné qu'a-
vant l'exécution d'icelui , il sera appliqué à la question ordinaire & extraordinaire pour avoir revelation de
ses complices.

Ce qui a été expliqué par ledit Interprête en langue telle ... audit Accusé, lequel étant assis sur la sellette,
a été par nous interpellé de lever la
main , laquelle interpellation aiant
été expliquée à l'Accusé par ledit Interprête , il a levé la main , lui avons
ensuite dit ces mots: vous promet-

tez à Dieu de dire verité, ce que ledit Interprête ayant expliqué à l'Accufé, il a repondu, ainfi que l'a rapporté l'Interprête, qu'il promettoit à
Dieu de dire verité, & lui ayant fait
baiffer la main, l'avons interrogé de
fes nom, furnom, âge, qualité, demeure.

Ce que ledit Interprête ayant expliqué à l'Accufé, il a repondu, ainfi que l'a rapporté l'Interprête, qu'il
s'appelle tel.....

Interrogé.....

Ce que ledit Interprête aiant expliqué à l'Accufé, il a repondu, ainfi
que l'a rapporté l'Interprête, que....

Lecture faite aufdits Interprête
& accufé du prefent Interrogatoire
& des reponfes dudit Accufé, &
les aiant ledit Interprête expliqué
audit Accufé, il a dit, ainfi que l'a
rapporté l'Interprête, que fes reponfes contiennent verité, & qu'il y perfifte, & ont lefdits Interprête & Accufé figné, ou & a ledit Interprête
figné, & ayant interpellé ledit Accufé de figner pareillement, ladite
interpellation lui ayant été expliquée
par ledit Interprête, il a dit ainfi que
l'a rapporté l'Interprête, qu'il ne fçavoit, ou ne vouloit figner.

Ce fait, l'Accusé a été deshabillé,
& mis sur le Siege de la question par
l'Exécuteur en presence de Me N....
Médecin, & de N.... Chirurgien
demeurans à.... & après avoir été
attaché par les bras & jambes en la
maniere accoûtumée, nous l'avons encore interpellé de promettre à Dieu
de dire verité, ce que ledit Interprête
lui ayant expliqué, il a repondu;
ainsi que l'a rapporté l'Interprête,
qu'il promettoit à Dieu de dire
verité, & ayant été étendu au dessus du banc, l'Accusé a dit, ainsi
que nous l'a rapporté l'Intérprête,
que.....

Interrogé au premier tour....

Ce que ledit Interprête aiant expliqué à l'Accusé, il a repondu, ainsi
que l'a rapporté l'Interprête, que....

Interrogé au deuxieme tour....

Ce que ledit Interprête lui aiant
expliqué, il a repondu, ainsi que l'a
rapporté l'Interprête, que....

Interrogé au troisieme tour....

Ce que ledit Interprête, &c.
Comme ci-dessus.

Interrogé au quatrieme tour.

Ce que ledit Interprête, &c.

Et l'ayant laissé quelque temps

étendu, nous l'avons interpellé de nous dire, ou declarer.....

Laquelle interpellation lui ayant été expliquée par ledit Interprête, il a dit ; ainſi que l'a rapporté l'Interprête, que....

Après quoi nous l'avons fait detacher de la queſtion ordinaire, & appliquer à celle extraordinaire par ledit Exécuteur, & étant attaché & ſuſpendu, nous l'avons interrogé....

Ce que ledit Interprête lui aiant expliqué, il a dit, ainſi que l'a rapporté l'Interprête, que.....

Et au dernier tour, interrogé....

Ce que ledit Interprête, &c.

Lecture faite auſdits Interprête & Accuſé du preſent interrogatoire, & des reponſes dudit Accuſé, & les aiant ledit Interprête expliqué audit Accuſé, il a dit, ainſi que l'a rapporté l'Interprête, que ſes reponſes contiennent verité, & qu'il y perſiſte, & ledit Accuſé aiant été detaché, a ſigné avec ledit Interprête, ou, a ledit Interprête ſigné, & l'Accuſé aiant été par nous interpellé de ſigner pareillement, ladite interpellation expliquée à l'Accuſé par ledit Interprête, il a dit,

ainſi que l'a rapporté l'Interprête,
qu'il ne ſçavoit, ou ne vouloit ſigner.

Ce fait, l'Accuſé aiant été habillé,
a été de nouveau interrogé.....

Ce que ledit Interprête, &c. comme ci-devant. Lecture faite auſdits Interprête & Accuſé, &c. comme au
premier interrogatoire, avant qu'il
fut deshabillé & mis ſur la queſtion.

Ainſi fait les jour, mois, an, pardevant & preſens que deſſus, &
l'Accuſé a été remis és mains & à la
Garde du Geolier pour être remené
eſdites priſons.

CHAPITRE XIV.

De la maniere de faire le Procez aux Muets & aux ſourds.

'ON inſtruit le Procez
aux muets & ſourds
differemment, & ſelon
la difference des muets
& ſourds : ſi le ſourd ou
le muet eſt, comme l'on
dit, ſourd ou muet involontaire, le
Juge lui nommera d'office un Cura-

Art. 1.
& 2. Tit.
18.

teur : ſi l'Accuſé au contraire eſt muet ou ſourd vólontaire, il ne lui ſera donné aucun Curateur : c'eſt ainſi que l'on traite un Accuſé qui ne veut pas repondre.

ARTICLE PREMIER.

De la maniere de faire le Procez aux Muets, ou Sourds involontaires.

SI l'Accuſé eſt tellement muet ou ſourd qu'il ne puiſſe ni parler, ni oüir, la partie publique donnera un requiſitoire par lequel après avoir expoſé l'état de l'Accuſé, il conclut à ce qu'il lui ſoit nommé un Curateur pour l'inſtruction du Procez. On nomme en conſequence tel ..... pour curateur, & on ordonne qu'il ſera aſſigné pour prêter le ſerment de bien & fidelement deffendre l'Accuſé.

Ce Curateur doit ſçavoir lire & écrire; on tient Procez verbal de ſa preſtation de ſerment comme il ſuit.

PROCEZ VERBAL

De preſtation de ſerment du Curateur.

L'An mil .... le ..... heures du matin, ou de relevée, parde-vant Nous N. ..... & N. .... Commiſſaires en cette partie en Chambre de ce Siege, eſt comparu tel .... d'une telle profeſſion, demeurant à .. .... Curateur nommé d'office par jugement du ..... à P. .... ſourd, ou muet, ou ſourd & muet, accuſé & aſſigné par exploit du Sergent tel .... du .... qu'il nous a repreſenté, à l'effet du Procez Criminel qui ſera par nous fait & inſtruit à la Requête du Procureur du Roy, ou de tel .... partie civile, le Procureur du Roy joint, à la charge dudit P. ..... decreté de priſe de corps, ou d'ajournement perſonnel par jugement du. .... lequel tel .... a accepté ladite charge de Curateur, & a prêté le ſerment, de bien, fidelement, & en ſa conſcience deffendre ledit P. ..... & a ſigné avec nous. Ainſi fait les jour, mois, & an que deſſus.

On procede enſuite à l'Interroga-

toire, où le Curateur fait le person-
nage de l'Accusé , & dit tout ce
qu'il croit nécessaire pour le deffendre.

Art. 3. 4.
5. 6.
Tit. 18.

Il peut s'instruire secretement avec
lui par signes, ou autrement. Si l'Accusé sçait écrire, il pourra écrire ses
reponses , & les signer avec le Curateur; s'il ne sçait, ou ne veut écrire
ou signer, le Curateur repondra en
sa presence, & fera tous les actes que
l'Accusé pourroit faire, dans lesquels
il sera fait mention de l'assistance du
Curateur, à peine de nullité, & des
depens, dommages & interêts des
Parties contre les Juges, sauf néanmoins dans le dispositif du jugement
diffinitif, où il ne sera fait mention
que de l'Accusé. On observera dans
l'Interrogatoire les mêmes formalitez
qu'à l'Interrogatoire ordinaire Chap.
6. & le Curateur est tenu de signer
en chaque page avec l'Accusé, s'il
sçait ou veut signer, sinon on en
fera mention.

INTERROGATOIRE.

L'An mil .... le .... heures d .... à la Requête du Procureur Roy, ou de tel ..... partie civile, le Procureur du Roy joint, Nous N. ..... & N. .... Commiſſaires en cette partie, avons fait tirer des priſons & amener pardevant nous en Chambre d'icelles, ou de ce Siege P. .... priſonnier accuſé, aſſiſté de tel .... ſon curateur, lequel curateur après ſerment par lui fait de dire verité, a repondu aux interrogatoires qui lui ont été par nous propoſez de la part dudit Procureur du Roy, comme il ſuit.

Interrogé des nom, ſurnom, âge, qualité, demeure & religion dudit P.......

A repondu......

Interrogé ......

A repondu......

Interrogé ſi ledit P..... n'a jamais été repris de juſtice.

A repondu.....

Interrogé ſi ledit P.....veut ſe juſtifier & comment.

A repondu.....

Lecture à lui faite du préfent interrogatoire & de fes reponfes ; il a
dit que fes reponfes contiennent vérité, y a perfifté, & a l'Accufé figné, aufli bien que ledit tel . . . . .
fon Curateur. Si l'Accufé avoit voulu écrire fes reponfes, on mettra à
chaque article, ces mots : l'Accufé a
écrit, au lieu de ceux-ci : a repondu.

La confrontation eft la même que
celle des Témoins à l'Accufé art. 2.
du chap. 7. il faut fe fouvenir que
lors qu'on parle de l'Accufé il faut
ajoûter ces mots : affifté de fon Curateur. L'Accufé pour a aufli écrire les
reproches · qu'il voudra faire contre
les Témoins, & fes reponfes à leurs
depofitions & recolemens, & ce
qu'il écrira fera figné de lui & de
fondit Curateur. On y obfervera les
mémes formalitez qu'à la confrontation ordinaire, & le Curateur fignera
en chaque page avec l'Accufé s'il
fçait ou veut figner, finon en fera
fait mention.

Ce Curateur fubira aufli le dernier
Interrogatoire, mais debout, & nuë
tête, quand même les conclufions feroient à peines afflictives. L'Accufé
y pourra aufli écrire fes reponfes

qu'il fignera , s'il fçait & veut écrire ,
& le Curateur fignera auffi. On y
obfervera les mêmes formalitez qu'à
celui ordinaire des Accufés chap.
dix.

DERNIER INTERROGATOIRE.

L'An mil .... le .... heures du
matin à la Requête du Procureur
du Roy, ou de tel .... partie civile ,
le Procureur du Roy joint , a été tiré
des prifons & amené en Cham-
bre de ce Siege P.... prifonnier accufé affifté de tel .... fon Curateur,
& icelui accufé étant affis fur la fellette, ou debout derriere le barreau ,
ledit Curateur a prêté le ferment de
dire verité , & enfuite a repondu aux
Interrogatoires qui lui ont été propo-
fez par tel .... en prefence de ....
comme il fuit.

Interrogé , &c. Comme à l'Interrogatoire ci-devant.

ARTICLE II.

De la maniere d'instruire le Procez au
Muet ou Sourd volontaire.

Art. 7. 8.
9 10. 11.
Tit. 18.

SI l'Accusé ne veut point repondre, on lui fait le Procez comme
à un muet, ou sourd volontaire, &
on ne lui donne point de Curateur.

Les Commissaires lors de l'Interrogatoire lui feront trois interpellations de repondre, à chacune desquel-
les il lui sera declaré que s'il ne repond,
son procez lui sera fait & parfait
comme à un muet volontaire, &
qu'après il ne sera plus reçû à repondre sur ce qui aura été fait en sa presence pendant son refus de repondre.
Pourra neanmoins le juge s'il le trouve
à propos, donner un delai pour repondre, qui ne pourra être plus long
de vingt-quatre heures.

Si l'Accusé persiste en son refus,
les Commissaires continueront l'instruction de son Procez sans qu'il soit
besoin de l'ordonner ; & sera fait
mention en chacun article des Interrogatoires & autres procedures faites
en la presence de l'Accusé, qu'il n'a

voulu repondre, à peine de nullité des actes où mention n'en aura été faite, & des depens, dommages & interêts de la partie contre les Commissaires.

Si dans la suite de la Procedure l'Accusé veut repondre, ce qui sera fait jusqu'à ses reponses subsistera, même la confrontation des Témoins, contre lesquels il n'aura fourni de reproches; & ne sera plus reçû à en fournir, s'ils ne sont justifiés par pieces.

Mais si après avoir commencé de repondre, il cesse de le vouloir faire, la procedure sera continuée en lui faisant les interpellations & declarations ci-dessus, dont mention sera faite, ainsi que de son refus de repondre.

On procede à l'Interrogatoire comme il suit, lequel sera cotté, paraphé & signé en chaque page par les Commissaires.

INTERROGATOIRE.

L'An mil.... le.... heures d... à la Requête du Procureur du Roy, ou de tel.... partie civile, le Procureur du Roy joint, nous N.... & N.... Commissaires en cette partie avons fait tirer des prifons & amener pardevant nous en Chambre d'icelles, ou de ce Siege P.... prifonnier, accufé & decreté de prife de corps par jugement du .... lequel avons interpellé de prêter ferment de dire verité aux Interrogatoires qui lui feront par nous propofés, finon que fon procez lui fera fait & parfait comme à un muet volontaire, & qu'il ne fera reçû à repondre fur ce qui aura été fait en fa prefence pendant fon refus de répondre.

L'Accufé n'a voulu prêter ledit ferment, ni repondre.

Nous l'avons interpellé pour la feconde fois de faire le ferment de repondre verité aux Interrogatoires que nous allons lui propofer, & lui avons declaré qu'autrement fon procez lui fera fait comme à un muet volontaire, & qu'il ne fera plus reçû à repondre fur ce qui aura été fait pendant fon refus de repondre, l'Accufé n'a voulu repondre, ni prêter ledit ferment.

Interpellé pour la troifieme fois de prêter ledit ferment & de repondre, & à lui declaré qu'autrement fon procez lui fera fait comme à un muet volontaire, & qu'il ne fera plus reçû à repondre fur ce qui aura été fait pendant fon refus de repondre. L'Accufé n'a voulu repondre.

Interrogé de fes nom, furnom, âge, qualité, demeure, & Religion. L'Accufé n'a voulu repondre.

On continuë l'Interrogatoire & on met à chaque article, l'Accufé n'a voulu repondre.

Lecture faite audit Accufé du prefent Interrogatoire, il a perfifté dans fon refus de repondre, & n'a voulu figner, de ce interpellé.

Si l'Accufé s'opiniâtre à ne vouloir repondre, on ordonne le recollement & la confrontation, on procede à l'un & à l'autre, & en procédant à la confrontation, on l'a fait comme s'enfuit.

CONFRONTATION

Lorfque l'Accufé ne veut répondre.

Confrontation faite par nous N.... & N.... Commiffaires en cette partie à la Requête du Procureur du Roy, ou de tel....partie civile, le Procureur du Roy joint, à P.... prifonnier accufé des Temoins oüis en l'information par nous faite le....

& autres jours suivans en exécution
du jugement du.... à laquelle confrontation avons procedé comme
s'ensuit en exécution du jugement
du....

Du.... mil.... heures du
matin, ou de relevée.

Nous avons fait tirer des prisons,
& amener pardevant nous en Chambre d'icelles, ou de ce Siege P....
prisonnier accusé auquel avons confronté tel.... Temoin oüi en ladite
information. & après serment prêté
par ledit Temoin en presence de
l'Accusé de dire verité, avons interpellé ledit Accusé de faire le
même serment, & lui avons declaré qu'à faute de ce & de repondre, son procez lui sera par instruit
comme à un muet volontaire, &
qu'il ne sera plus reçû à repondre
sur ce qui aura été fait en sa presence
pendant son refus de repondre,
l'Accusé n'a voulu repondre, ni prêter ledit serment: interpellé pour la
seconde fois de repondre & de prêter ledit serment & à lui declaré
qu'autrement son procez lui sera par
instruit comme à un muet volon-
raire, & qu'il ne sera plus reçû à re-

pondre sur ce qui aura été fait en
sa presence pendant son refus de
repondre, l'Accusé n'a voulu repondre, ni prêter le serment. Interpellé
pour la troisieme fois de repondre,
& à lui encore declaré qu'autrement
son procez lui sera par instruit comme
à un muet volontaire, & qu'il ne sera
plus reçû à repondre sur ce qui aura
été fait en sa presence pendant son
refus de repondre, l'Accusé n'a voulu repondre ni prêter ledit serment;
& aiant ensuite interpellé lesdits Temoin & accusé de declarer s'ils se
connoissent, le Temoin a dit....
Et l'Accusé n'a voulu repondre.
Ce fait, nous avons fait faire lecture à l'Accusé des premiers articles de la deposition dudit Temoin
contenant ses nom, surnom, âge,
qualité, demeure, declaration de
n'être parent, allié serviteur, ni domestique des parties, & de connoître l'Accusé, ou de ne pas connoître l'Accusé, & interpellé ledit Accusé de fournir presentement des reproches, si aucuns il a, contre ledit
Temoin, sinon qu'il n'y sera plus
reçû après qu'il aura eu lecture du
surplus de la deposition & du recol-

lement , fuivant l'ordonnance que nous lui avons donné à entendre, l'Accufé n'a voulu repondre.

Après quoi avons fait faire lecture en prefence defdits Temoin & accufé du furplus de la depofition dudit Temoin , & de fon recollement , & après les avoir oüis , nous avons interpellé ledit Accufé de declarer s'ils contiennent verité , ledit Accufé n'a voulu repondre.

Et par ledit Temoin a été dit que fes depofition & recollement font veritables en tout leur contenu , & l'a ainfi foutenu à l'Accufé , & que c'eft de l'Accufé prefent , ou fans fçavoir fi c'eft de l'Accufé prefent , ou , & que ce n'eft pas de l'Accufé prefent à caufe.... dont il a entendu parler par fes depofition & recollement , & qu'il y perfifte, de ce interpellé.

Lecture faite aufdits Temoin & Accufé de la prefente confrontation, ledit Temoin y a perfifté à fon égard, & a figné ou declaré ne fçavoir ou ne pouvoir figner, de ce interpellé , & l'Accufé n'a voulu repondre ni figner, de ce interpellé.

On obferve qu'il ne fuffit pas

» quelque fois dans les confrontations
» de declarer par le Temoin qu'il ne
» sçait si l'Accusé est celui dont il a
» entendu parler, parce qu'il peut être
» certain que l'Accusé n'est pas celui
» dont il a entendu parler, & en ce
» cas il doit être dit que l'Accusé pre-
» sent n'est pas celui dont il a entendu
» parler, soit à cause de sa taille,
» phisionomie, ou autrement.

On procedera ensuite au dernier
Interrogatoire comme il suit, y observant les formalitez requises &
mentionnées au chap. dix.

DERNIER

INTERROGATOIRE.

L'An mil .... le .... heures du
matin à la Requête du Procureur du Roy ou de tel .... partie civile, le Procureur du Roy joint, a
été tiré des prisons & amené en
Chambre de ce Siege P .... prisonnier accusé lequel a été interpellé par
tel .... en presence de .... de lever
la main, & de prêter serment de
repondre verité aux Interrogatoires
qui lui seront proposez, & lui a été

declaré qu'à defaut de repondre, son procez lui sera parfait comme à un muet volontaire, & qu'il ne sera plus reçû à repondre sur ce qui aura été fait en sa presence pendant son refus de repondre : l'Accusé n'a voulu prêter ledit serment, ni repondre. Interpellé pour la seconde fois de prêter ledit serment & de repondre, & à lui declaré qu'autrement son procez lui sera parfait comme à un muet volontaire, & qu'il ne sera plus reçû à repondre sur ce qui aura été fait en sa presence pendant son refus de repondre, l'Accusé n'a voulu repondre, ni prêter le serment. Interpellé pour la troisieme fois de prêter ledit serment & de repondre, & à lui encore declaré qu'à defaut de repondre, son procez lui sera parfait comme à un muet volontaire, & qu'il ne sera plus reçû à repondre sur ce qui aura été fait en sa presence pendant son refus de repondre, l'Accusé n'a voulu repondre : ce fait ledit Accusé étant assis sur la sellette, ou debout derriere le Barreau, a été interrogé comme il suit. Interrogé de ses nom, surnom, âge, qualité, demeure, & Religion.

L'Accusé n'a voulu repondre.

Interrogé , &c. Comme à l'Interrogatoire ci-devant.

CHAPITRE XV.

De la maniere de faire le Procez à un Corps, Compagnie, ou Communauté.

E Procez fera fait aux Communautez des Villes , Bourgs , & Villages , Corps , & Compagnies qui auront commis quelque rebel- **Art. 1. 2. 3. Tit. 21.**
lion, violence , ou autre crime.

A prés l'information, ou la repetition par forme d'"information, s'il y a Pro-cez verbal , vû les conclufions de la partie publique, on decrete la Com-munauté & les principaux auteurs, s'ils font connus. On enjoint à cette Communauté de nommer un Sindic dans tel .... delai qu'il fera ordon-né par le Jugement, & à fon refus, on nomme d'office un curateur.

Le Sindic, deputé, ou curateur fubira les interrogatoires & la confrontation des Témoins, & fera emploié dans toutes les procedures en la même qualité, & non dans le difpofitif du jugement qui fera rendu feulement contre les Communautez, Corps, ou Compagnies. Il prêtera ferment, & en fera tenu Procez verbal, comme il fuit.

PROCEZ VERBAL

De Preftation de Serment du Sindic ou Curateur

L'An mil . . . . . le . . . . heures de . . . . pardevant nous N . . . . & N . . . Commiffaires en cette partie en chambre de ce Siege, eft comparu tel . . . . d'une telle profeffion, demeurant à . . . . Sindic nommé par les gens de Loi, Manans, Habitans, Corps & Communauté de . . . . . . fuivant leur procuration paffée devant Notaires tel . . . . & tel . . . . . de la refidence de . . . . le . . . . en execution du jugement du . . . . , ou curateur nommé d'office à la Communauté de . . . . . par jugement du . . . . à

..... à l'effet du Procez Criminel qui fera par nous inftruit à la requête du Procureur du Roy ou de tel .... partie civile, le Procureur du Roy joint, à la charge de ladite Communauté decretée d'ajournement perfonnel, ou d'affignée pour être ouie par ledit jugement du. .... lequel tel ..... a accepté ladite charge de Sindic ou de Curateur, & a prêté le ferment de bien, fidelement, & en fa confcience deffendre ladite Communauté, & a figné avec nous. Ainfi fait les jour, mois, an, que deffus.

On procede enfuite à l'interrogatoire du Sindic ou Curateur, en y obfervant les formalités ordinaires.

INTERROGATOIRE.

L'An mil ..... le ..... heures d ..... pardevant nous N .... & N .... Commiffaires en cette partie à la requête du Procureur du Roy, ou de tel .... partie civile, le Procureur du Roy joint, eft comparu en chambre de ce Siege tel .... Sindic nommé par la Communauté de ..... fuivant fa procuration du

I

..... ou tel .... Curateur nommé d'office par jugement du .... à la Communauté de .... decretée d'a-journement personnel, ou d'affignée pour être ouïe par jugement du .... lequel après ferment par lui fait de dire verité, a repondu aux interro-gatoires qui lui ont été par nous pro-pofez de la part dudit Procureur du Roy, comme il fuit.

Interrogé de fes nom, furnom, âge, qualité, demeure & religion.

A repondu s'appeller tel ...... d'une telle profeffion, demeurant à .... Sindic nommé par la Communauté de ...... ou Curateur nommé d'office à la Communauté de .... âgé de ...... & de la Religion Catholique, Apoftolique & Romaine.

Interrogé .....

A repondu .....

On continuë l'interrogatoire, & on finit par ce qui fuit.

Interrogé s'il veut juftifier ladite Communauté & comment.

a repondu .....

Lecture à lui faite du prefent in-terrogatoire & de fes reponfes, il a dit que fes reponfes contiennent ve-rité, y a perfifté & figné.

Si la matiere requiert une plus
ample inftruction & un Procez à
l'extraordinaire, on ordonnera le
recolement & la confrontation, &
on y procedera, en obfervant dans
l'un & dans l'autre les formalités
prefcrites, & la confrontation fe fera
en la forme fuivante.

CONFRONTATION.

Confrontation faite par nous N...
& N .... Commiffaires en cette
partie, à la Requête du Procureur
du Roy, ou de tel .... partie civile, le Procureur du Roy joint, à
tel .... Sindic nommé par la Communauté de .... ou Curateur nommé
d'office à la Communauté de....des
Temoins ouis en l'information, ou
en la repetition par forme d'information, par nous faite le ....& autres
jours fuivans, en execution du jugement du ....à laquelle confrontation
avons procedé, comme il fuit conformement au jugement du ......
        Du .... mil ,... heures d....
    en chambre de ce Siege
    Eft comparu tel .... Sindic nom-

mé par la Communauté de ....,
ou Curateur nommé d'office à la
Communauté de .... auquel avons
confronté tel ..... Témoin oui en
ladite information, ou repetition par
forme d'information, & après serment
par eux prêté en presence l'un de l'autre de dire verité, & interpellés de
declarer s'ils se connoissent, ont dit ...
& le surplus comme celle du Témoin à
l'Accusé Art. 2. Chap. 7. en changeant le mot d'Accusé en celui de Sindic ou de Curateur ; & la reponse du
Témoin après la lecture des deposition & recolement sera comme il suit.

Et par ledit Témoin a été dit que
ses deposition & recolement sont
veritables en tout leur contenu, &
l'a ainsi soutenu audit Sindic ou
Curateur, & que c'est de ladite Communauté que ledit Sindic ou Curateur present represente, dont il a
entendu parler par sesdits deposition
& recolement, & qu'il y persiste, de
ce interpellé.

Lecture, &c.

Ce Sindic ou Curateur subira le
dernier interrogatoire, lequel sera
comme il suit.

DERNIER
INTERROGATOIRE.

L'An mil .... le .... heures du matin à la Requête du Procureur du Roy, ou de tel .... partie civile, le Procureur du Roy joint, eſt comparu en chambre de ..... tel .... Sindic de la Communauté de .... ou Curateur nommé d'office à la Communauté de .... lequel étant debout derriere le barreau, après ſerment par lui fait de dire verité, a repondu aux interrogatoires qui lui ont été propoſez par tel .... en preſence de .... comme s'enſuit.

Interrogé de ſes nom &c. comme à celui ci-devant.

Les condamnations contre la Communauté ne pourront être que de reparation civile, dommages & intêrets envers la partie, d'amende envers le Roy, privation de leurs privileges, & de quelque autre punition qui marque publiquement la peine qu'elle aura encouruë par ſon crime.

Art. 4.
Tit. 21.

CHAPITRE XVI.

De la maniere de faire le Procés au Cadavre, ou à la memoire d'un Défunt.

Art. 1.2.
3.
Tit. 22.

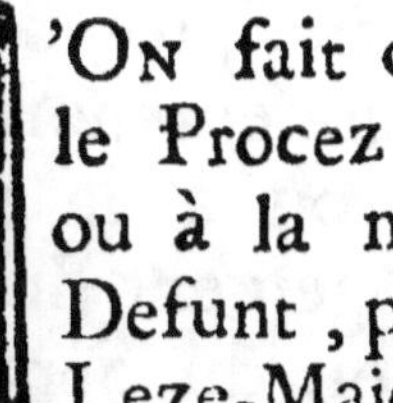

'On fait ordinairement le Procez au Cadavre ou à la memoire d'un Defunt, pour crime de Leze-Majefté divine ou humaine, duel, homicide de foi-même ou rebellion à Juftice avec force ouverte, dans la rencontre de laquelle il aura été tué.

Si le corps eft encore extant, on fait le Procez au Cadavre, finon à la memoire, & pour cela après information faite, le Juge nommera un Curateur, & fera preferé le Parent du defunt, s'il s'en offre quelqu'un pour en faire la fonction. Il fçaura lire & écrire, fera le ferment, & le Procez fera inftruit contre lui en la forme ordinaire.

PROCEZ VERBAL

De preſtation de ſerment du Curateur.

L'An mil ..... le .... heures d ....
pardevant Nous N..... & N....
Commiſſaires en cette partie, en
Chambre de ce Siege eſt comparu
tel .... d'une telle profeſſion, demeurant à .... Curateur nommé d'office
au Cadavre, ou à la memoire de
tel ...., par jugement du ...., & aſſigné par exploit du Sergent tel ....
du .... qu'il nous a repreſenté, à
l'effet du Procez criminel & extraordinaire qui ſera par nous inſtruit
à la Requête du Procureur du Roy,
ou de tel .... partie civile, le Procureur du Roy joint, au Cadavre,
ou à la memoire dudit tel .... lequel
tel ..... a accepté ladite charge de
Curateur, & a prêté le ſerment de
bien, fidélement & en ſa conſcience
deffendre ledit tel ... ou la memoire
dudit tel .... & a ſigné avec nous.
Ainſi fait les jour, mois, an & pardevant que deſſus.

On procede enſuite à l'interrogatoire.

INTERROGATOIRE.

L'An mil .... le ..... heures d .....
à la Requête du Procureur du
Roy, ou de tel .... partie civile, le
Procureur du Roy joint, pardevant
Nous N. .... & N. ..... Commissaires
en cette partie, en Chambre de ce
Siege, est comparu tel .... Curateur
nommé d'office au Cadavre, ou à
la memoire de tel .... par jugement
du .... lequel après serment par lui
fait de dire verité, a repondu aux interrogatoires qui lui ont été par nous
proposez de la part dudit Procureur
du Roy, comme il suit;

Interrogé de ses nom, surnom,
âge, qualité, demeure & religion.

A repondu s'apeller tel .... d'une
telle profession, Curateur nommé
d'office au Cadavre, ou à la memoire de tel .... âgé de .... demeurant à .... & de la religion Catholique, Apostolique & Romaine.

Interrogé.....

A repondu .....

Interrogé s'il veut justifier ledit
tel .... ou la memoire dudit tel ....
& comment.

A repondu . . . . .

Lecture à lui faite du prefent interrogatoire & de fes reponfes, il a
dit que fes reponfes contiennent vérité, y a perfifté & figné.

On ordonne enfuite le Recolement & la Confrontation, & on y
procede en obfervant en l'un & l'autre les formalitez ordinaires. Le recolement fe fait comme à l'article
premier chapître 7. & la confrontation, comme il fuit..

CONFRONTATION.

COnfrontation faite par Nous
N. ... & N. ... Commiffaires en
cette partie, à la Requête du Procureur
du Roy, ou de tel .... partie civile,
le Procureur du Roy joint, à tel ....
Curateur nommé d'office au Cadavre, ou à la memoire de tel ... des
Temoins ouïs en l'information par
nous faite le .... & autres jours fuivans enfuite du jugement du ...., à
laquelle confrontation avons procedé
comme s'enfuit, en execution du
jugement du . . . . . .

I 5

Du..... mil .... heures
d .... en Chambre de ce
Siege :

Eſt comparu tel ..... Curateur
nommé d'office au Cadavre, ou à
la memoire de tel .... auquel avons
confronté tel .... Temoin, &c. comme à la confrontation des Temoins
à l'Accuſé, article 2. chapître 7. en
mettant le mot de Curateur au lieu
de celui d'Accuſé, & la reponſe
ſuivante après la lecture des depoſition & recolement.

Et par ledit Temoin a été dit que ſes
depoſition & recolement ſont veritables en tout leur contenu, & l'a ainſi
ſoutenu audit Curateur, & que c'eſt
dudit Defunt tel .... que ledit Curateur preſent défend, ou dont ledit
Curateur preſent défend la memoire, dont il a entendu parler par ſeſ-
dits depoſition & recolement, &
qu'il y perſiſte, de ce interpellé.

Art 3.4.
& 5.
Tit 5.

Le Curateur ſubira auſſi le dernier interrogatoire, & ſera debout
& non ſur la Sellette, ſon nom ſera
compris dans toute la procedure;
mais la condamnation ſera renduë
contre le Cadavre, ou la memoire ſeulemens.

Le Curateur pourra interjetter appel de la Sentence renduë contre le Cadavre, ou la memoire du Defunt; il pourra même y être obligé par quelqu'un des parens, lequel en ce cas sera tenu d'avancer les frais.

Les Juges superieurs pourront élire un autre Curateur que celui qui aura été nommé par le Juge dont est appel.

CHAPITRE XVII.

Du Faux concernant les écritures.

L E Faux qui se trouve aux écritures, consiste ordinairement en tout ce qui y est fait par imitation naturelle ou artificielle, par déguisement, changement, addition, suppression, alteration, antidate ou postidate.

On considere le Faux en justice, ou comme Faux principal, ou comme Faux incident. Le Faux principal a pour objet la personne ac-

cufée d'être Auteur d'un Écrit pretendu faux , & l'action s'intente
ainfi que pour les autres crimes par
plainte, accufation ou dénonciation
contre le pretendu Auteur de la piece accufée de Faux.

Le Faux incident regarde particulierement la prétenduë fauffeté
d'une piece fervant à juftifier quelque fait contefté. L'action commence par l'infcription en Faux qui fe
forme contre la piece qu'on arguë
de Faux, & l'inftruction extraordinaire ne fe fait contre la piece, non
plus que contre celui qui s'en
fert, qu'après le rapport des Experts
qui l'ont eftimée fauffe; & c'eft feulement alors qu'elle eft appellée fauffe, au lieu d'arguée de Faux, & que
celui qui a declaré vouloir s'en fervir eft qualifié du nom d'accufé, au
lieu de celui de deffendeur en Faux,
& cela parce que toutes pieces ar-
guées de Faux ne font pas toûjours
fauffes, & qu'il fe trouve des infcrip-
tions en Faux fouvent temeraires, ou
formées à deffein de retarder le jugement d'un procez dont on craint
la decifion, ou pour rebuter une partie adverfe & l'obliger à ceder une

partie de ſes demandes, & à remettre une partie de ſes droits par quelque tranſaction, ne ſe trouvant quelquefois en état de faire tête à un Plaideur de mauvaiſe foi, riche & opulent : c'eſt pour cela que l'ordonnance veut que celui qui s'inſcrit en Faux, ait conſigné l'amende que peut meriter une temeraire inſcription en Faux, avant que d'y être admis, & que le Demandeur en Faux qui ſuccombera, ſera condamné en trois cens livres d'amende dans les Cours Souveraines, cent vingt livres dans les Sieges qui y reſſortiſſent immediatement, & en ſoixante livres dans les autres, applicables les deux tiers au Roy, ou aux Seigneurs à qui il appartiendra, & l'autre à la partie, ſur leſquelles amendes ſeront déduites les ſommes conſignées, & laiſſant aux Juges le pouvoir de le condamner en plus groſſe amende s'il y écheoit.

Art. 5. 17 Tit. 9.

L'Inſtruction de ces deux eſpeces de Faux eſt differente, celle du Faux incident ſe fait comme il ſuit.

ARTICLE I.

Du faux Incident.

POur inſtruire le faux Incident dans les formes preſcrites par l'ordonnance de 1670. il faut que celui qui veut intenter ſon action contre une ou pluſieurs pieces qu'il prétend fauſſes, conſigne d'abord l'amende telle qu'elle eſt deſignée en l'art. 5. du tître 9. dont la quittance ſera attachée à la Requête, laquelle Requête ſera ſignée du Demandeur & de ſon Procureur, ou de ſon Procureur ſeul fondé de procuration ſpeciale.

Cette Requête doit tendre non ſeulement à obtenir permiſſion de s'inſcrire en Faux, mais encore à faire declarer par le Deffendeur s'il veut ſe ſervir de la piece maintenuë fauſſe, au pied de laquelle Requête le Juge ordonnera que l'inſcription ſera faite au Greffe, & le Deffendeur tenu de declarer dans un delay compétent, & ſuivant la diſtance des lieux, s'il veut ſe ſervir de ladite piece.

On fignifie copie de cette Requête & du jugement au Procureur du Deffendeur , avec fommation par l'exploit de declarer dans le delai fixé s'il veut fe fervir de la piece maintenuë fauffe.

Si le Deffendeur garde le filence & ne repond point , le Demandeur prefentera fa Requête & conclura à ce, qu'attendu le refus du Deffendeur de paffer fa declaration conformement au jugement du .... la piece en queftion foit rejettée du procez, & que fans y avoir égard il foit paffé outre au jugement d'icelui ; furquoi le Juge pourra ordonner que le Deffendeur fera tenu de repondre dans un delai qu'il fixera , finon qu'il fera fait droit.

Si le Deffendeur repond, mais en termes équivoques , le Demandeur donnera une nouvelle Requête par laquelle , après avoir expofé que la reponfe du Deffendeur eft illufoire , il conclura à ce qu'il foit ordonné qu'il fera tenu repondre précifement dans tel tems, finon que fes conclufions lui feront adjugées, & ce faifant que la piece fera rejettée du Procez & procedé au jugement d'icelui : le jugement qui interviendra sera conforme aux conclusions, & si le Deffendeur s'obstine à ne point repondre plus précisement, le Demandeur pourra se les faire adjuger, & en consequence faire ordonner que la piece sera rejettée du procez.

Si le Deffendeur declare qu'il ne veut pas se servir de la piece, elle sera rejettée du procez, sauf à pourvoir aux dommages & interêts du Demandeur, & à poursuivre le Faux extraordinairement par la partie publique.

Il faut observer que celui qui veut desister d'une piece arguée de Faux, ne doit pas attendre que l'instruction soit avancée, parce qu'alors il n'est pas recevable en son désistement, ainsi qu'il a été jugé par differens Arrêts, & entre autres par un du six May 1688. rendu en la premiere Chambre des Enquêtes du Parlement de Paris.

Si au contraire le Deffendeur en Faux declare positivement qu'il veut se servir de la piece en question, il la mettra au Greffe ; assisté de son Procureur, & fera signifier l'Acte du Mis au Demandeur au domicile de son Procureur, pour former l'inscription dans les vingt-quatre heures.

ACTE

Du Mis au Greffe.

A La Requête de tel .... demeurant à .... lequel a élû son domicile en la personne de tel .... son Procureur, soit declaré & signifié à tel .... Demandeur au domicile de tel .... son Procureur, que la piece (on la designe) & par lui soutenuë fausse, a été ce jourd'hui mise au Greffe de .... à ce qu'il ait à donner ses moïens de Faux dans le tems de l'ordonnance dont acte.

Si le Deffendeur differoit de mettre la piece au Greffe, quoiqu'il eut déclaré vouloir s'en servir, le Demandeur obtiendra un jugement sur Requête qui ordonnera que la piece arguée de Faux sera rejettée du procez, faute par le Deffendeur l'avoir mise au Greffe, & sans y avoir égard il sera procedé au jugement d'icelui. Le Deffendeur pourra neanmoins revenir par opposition contre ledit jugement dans la huitaine, pourvû

que dans le même delai, il ait mis
ladite piece au Greffe; sinon le Demandeur fera une production de ce
même jugement, & sera fait droit
en jugeant sur ses dommages & interêts.

Ledit Acte du Mis signifié, le
Demandeur formera son inscription
en Faux au Greffe dans les vingt-
quatre heures, par Acte qui contiendra la nature de la piece dont
il s'agit, sa datte & les signatures
qui y sont apposées.

____

ACTE
D'Inscription en Faux.

AUjourd'hui ..... est comparu
tel .... d'une telle profession,
demeurant à ..... assisté de tel ....
son Procureur, lequel a declaré qu'il
s'inscrit en Faux contre ...., on met
la nature de la piece, en datte du
.... signée tel .... produite par tel ....
au procez d'entre les parties, pendant
en ce Siege, aux offres qu'il fait de
donner ses moïens de Faux dans le
tems porté par l'ordonnance, élisant
son domicile chez tel ..... son Procureur, dont il a requis Acte, à lui
octroïé.

Le Demandeur signe cet Acte aussi bien que son Procureur, & en leve une expedition dont il fait signifier copie au Deffendeur au domicile de son Procureur.

Si ladite piece étoit en grosse, le juge ordonnera sur la Requête du Demandeur que la minute sera apportée au Greffe dans le delai qui sera reglé suivant la distance des lieux, sinon la piece sera rejettée du procez. _Art. 9._

Les Depositaires des minutes peuvent être contraints même par corps à les apporter ou envoier au Greffe, & si la piece étoit rejettée du procez, faute d'avoir été apportée, ils seront condamnés aux dommages & interêts, frais & depens qui seront liquidez conformement à l'ordonnance de 1667.

Le Demandeur ou son conseil prendra communication de la piece par les mains du Greffier, sans deplacer, & les moïens de Faux seront mis au Greffe dans trois jours au plus tard, sans en pouvoir donner copie ni communication au Deffendeur. _Art. 10. 11. Tit. 9._

MOIENS
De Faux.

MOyens de faux que met & baille pardevant vous... tel.... Demandeur en Faux contre tel ..... Deffendeur, conclud ledit Demandeur à ce qu'il plût à .... ordonner que la piece de ...telle qualité en datte du .... signée tel .... inscrite de Faux, soit declarée fausse & faussement fabriquée , & comme telle rejettée du procez, le Deffendeur condamné en l'amende & aux depens, dommages & interêts, sauf à Monsieur le Procureur du Roy à prendre pour la vengeance publique telles conclusions qu'il trouvera convenir tant contre ladite piece , que contre le Deffendeur qui a declaré vouloir s'en servir ....

On fait ensuite un état en bref de l'affaire, & on exprime les moïens en mettant : le premier consiste en telle chose, le second en telle chose, & ainsi des autres, & on finit en mettant : partant le Demandeur conclut comme ci-dessus.

Le Demandeur & son Procureur

ſignent ces moïens de Faux qu'ils mettent au Greffe dans un ſac ſeparé de
celui dans lequel eſt la piece en queſtion : & s'ils faiſoient enſuite quelque
nouvelle decouverte , ils pourroient
les augmenter par addition; ils ſe-
roient intitulés, addition des moïens
de Faux que met & baille , &c. Comme aux moïens de Faux cy-deſſus.

Le Demandeur donnera enſuite ſa Art. 2.
Requête , & conclura à ce qu'il ſoit Tit, 9.
tenu Procez verbal de l'état de la
piece, ſur laquelle Requête interviendra jugement qui ordonnera que ledit
Procez verbal ſera tenu pardevant
tel .... & tel .... leſquels rendront
leur Ordonnance pour faire aſſigner
le Deffendeur, afin d'y être preſent,
ſi bon lui ſemble.

ORDONNANCE
Pour Aſſigner le Defendeur pour être
preſent au Procez Verbal de
l'état de la Piéce.

DE l'Ordonnance de nous N....
& N .... Commiſſaires en cette
partie à la Requête de tel .... Demandeur en Faux, ſoit par le premier
Sergent de ce Siege requis , donnée
aſſignation à tel .... Deffendeur à

être & comparoir pardevant nous en Chambre .... le .... telle heure du matin ou de relevée, pour être preſent, ſi bon lui ſemble, au Procez verbal qui ſera par nous tenu ledit jour, en exécution du jugement du ....de l'état de la piece inſcrite de Faux, & dont il eſt queſtion: de ce faire & recrire donnons pouvoir, fait audit Siege le ....

On ſignifie copie de cette Ordonnance au Deffendeur, au domicile de ſon Procureur, & la piece étant remiſe aux Commiſſaires, on procede audit Procez verbal comme il ſuit: obſervant qu'on doit y marquer la nature de l'acte, ſa datte, ſes premieres & dernieres lignes, s'il eſt écrit ſur papier ou ſur parchemin, combien il contient de pages ou de feüillets, combien écrits & combien en blan, ſi l'écriture eſt en ſon entier ou non, s'il y a des radiations, ſubſtitutions de Lettres ou de mots, en quelle ligne & quelle page elles ſont, le nombre des ſignatures qui s'y trouvent, & enfin tout ce qui peut y être obſervé de remarquable. Ladite piece eſt enſuite paraphée par les Commiſſaires & le Demandeur, s'il veut,

ou peut la parapher ; sinon en est fait
mention & est remise au Greffe.

PROCEZ VERBAL

De l'Etat de la Piéce inscrite de Faux.

L'An mil .... le .... heures d ....
pardevant nous N .... & N ....
Commissaires en cette partie, en
Chambre de ce Siege est comparu
tel .... Demandeur en Faux, assisté de
tel .... son Procureur, lequel nous a dit
qu'en execution de nôtre Ordonnance
particuliere du .... il a par Exploit de
l'Huissier ou Sergent tel .... du ....
qu'il nous a representé, fait assigner à
ce jour, lieu & heure tel .... Deffendeur au domicile de tel .... son Procureur, pour être present, si bon lui
semble, au Procez verbal qui sera
par nous dressé en exécution du jugement du .... de l'état de la piece en
question, contre laquelle ledit Demandeur s'est inscrit en Faux par acte
du .... nous aiant en consequence ledit tel Demandeur requis acte de sa
comparution, & defaut contre ledit
tel .... Deffendeur, au cas qu'il ne

comparut, ni perſonne de ſa part, &
pour le profit qu'il nous plut preſentement proceder à la deſcription &
à l'état de ladite piece, & a ſigné.

Si le Deffendeur comparoit, on
couche ſa comparution.

A laquelle aſſignation eſt auſſi comparu tel....Deffendeur, aſſiſté de tel....
ſon Procureur, lequel nous a dit qu'il
conſentoit que la piece en queſtion
fut par nous paraphée, & que deſcription fut faite de ſon état, & ont ſigné.

Sur quoi nous Commiſſaires ſuſdits
avons donné acte aux parties de leurs
comparutions, dires, requiſitions &
conſentement ci-deſſus, & avóns ordonné qu'il ſera preſentement par
nous procedé à la deſcription de l'é-
tat de ladite piece.

Si le Deffendeur n'étoit comparu,
l'Ordonnance des Commiſſaires ſera
comme il ſuit.

Sur quoi Nous Commiſſaires ſuſdits
avons donné acte audit tel..Procureur
du Demandeur, de ſa comparution,
dire, requiſition ci-deſſus, & defaut
contre tel.... Deffendeur non comparant, ni perſonne de ſa part, &
pour le profit avons ordonné qu'il
ſera preſentement par nous procedé à
la

la defcription de l'état de ladite piece
en queftion.

En exécution de laquelle Ordonnance, tel.... Greffier de ce Siege,
nous aiant remis la piece dont il s'a-
git, nous avons obfervé qu'elle confifte dans la minute d'un Contract
paffé à ... pardevant tel.... & tel...
Notaires à .... le .... par tel ....
au profit de tel ..... en tant de
pages ou de feüillets, dont tant ...
fe trouvent écrits, & le refte en blan,
contenant telle chofe ...., commençant par ces mots ..... & finiffant
par ceux-ci .... figné tel... tel....
dont l'écriture eft en fon entier, ou
n'eft pas en fon entier, en telle ligne
de telle page, de laquelle fe trouve
telle chofe .... comme auffi à la page telle .... un renvoi marginal vis-à-
vis la ligne tant.... de ladite page,
contenant ces mots .... nous avons
de plus obfervé que .... on continuë
ainfi de faire mention de tout ce qui
peut être remarqué en ladite piece,
& on finit ainfi :

Laquelle piece a été par nous paraphée & ledit Demandeur, & remife
ès mains dudit Greffier.

Si le Demandeur ne vouloit ou ne

pouvoit la parapher, on mettra: laquelle piece a été par nous paraphée, & ledit Demandeur n'a voulu ou n'a pu la parapher, parce que.... on en met la cause, & a été remise ès mains dudit Greffier. Ainsi fait les jour mois, an & pardevant que dessus.

Ce Procez verbal aiant été expedié au Greffe en grosse, est ensuite remis ausdits Commissaires avec la piece inscrite de Faux, l'acte d'inscription, & les moïens de Faux; & sur leur rapport interviendra jugement qui admettra lesdits moïens de Faux, s'ils sont pertinens & admissibles, sinon les joindra selon leur qualité & l'état du Procez.

Si ledit Jugement declare les moïens pertinens & admissibles, il contiendra la teneur de ceux dont il ordonnera la preuve par titre, par Temoins, & par comparaison d'écritures & signatures, par Experts qui y seront nommez d'office, sauf à les recuser; & n'en sera fait preuve d'aucun autre.

S'il s'agit de radiations, alterations de mots ou de chiffre, ou de la verification de quelque piece fort ancienne, comme en ce cas il n'y a aucune necessité de fournir des pie-

ces de comparaison, le Jugement portera seulement qu'il sera fait preuve
tant par titre , Temoins , que par Experts au fait des écritures, qui y seront
nommez d'office.

Ensuite de ce Jugement, le Demandeur doit fournir des pieces de
comparaison pour servir à la verification de la piece en question, & à son
defaut , le Deffendeur a la liberté
d'en fournir, ainsi qu'il a été decidé
par deux Arrêts rendus en la grande
Chambre du Parlement de Paris , des
17. May 1694. & 12. Janvier 1697.

Les pieces de comparaison doivent
être autentiques ou publiques , & Art. 5.
étant telles, aucune des parties ne   Tit. 8.
peut refuser d'en convenir, à moins
de former contre ces pieces un
inscription en Faux; & sur le refus
que peut en faire l'une ou l'autre
des parties, le Juge souvent les admet. On appelle pieces autentiques
celles passées devant Notaires , ou
tirées des Greffes, ou qui font judiciaires. Le Jugement qui admet les
moïens de Faux ordonnera aussi que
les Depositaires les representeront.

On peut se servir de pieces sous
signature privée pour pieces de com-

paraison, mais pour lors il faut que le Deffendeur en convienne.

Le Demandeur étant donc en état de fournir des pieces de comparaison, ou d'en indiquer, doit faire assigner le Deffendeur pour en convenir, & les depositaires pour les representer; & à cet effet il prend Ordonnance des Commissaires en la forme suivante.

ORDONNANCE
Des Commissaires.

DE l'Ordonnance de nous N.... & N.... Commissaires en cette partie, à la Requête de tel..... Demandeur en Faux, soit par le premier Huissier, ou Sergent requis, donnée assignation à tel.... Deffendeur en Faux, & à tel.... Notaire ou Greffier de.... à être & comparoir pardevant nous en Chambre de.... le.... telle heure du matin ou de relevée, pour en exécution du Jugement du.... être representé par ledit tel.... telle.... & telle.... pieces pour servir à la verification de celle arguée de Faux & dont il s'agit, & ledit tel.... Deffendeur pour convenir d'icelles, aux peines

de l'Ordonnance en cas de defaut :
de ce faire & recrire donnons pouvoir. Ainsi fait audit Siege le....
Les Parties comparantes, on tient
le Procez verbal suivant.

PROCEZ VERBAL

De Representation de pieces de Compa-
raison.

L'An mil.... le.... heures d...
pardevant nous N....& N...
Commissaires en cette partie, en
Chambre de ce Siege est comparu
tel demandeur en Faux, assisté de
tel.... son Procureur, lequel nous
a dit qu'en execution du jugement
du..... & de nôtre Ordonnance particuliere du.... il a fait assigner à ce
jour, lieu & heure par Exploit du
Sergent tel..... du..... qu'il nous a
representé tel.... Notaire ou Greffier de.... à effet de representer telle
.... & telle pieces pour servir à la
verification de celle dont il s'agit,
& ledit tel..... Deffendeur au domicile de tel.... son Procureur pour
en convenir, ou les contester, si bon
lui semble, nous aiant suivant ce

ledit Demandeur requis acte de sa comparution & defaut contre ledit Deffendeur au cas qu'il ne comparoisse, ni personne de sa part, & pour le profit qu'il nous plût recevoir pour pieces de comparaison celles que tel .... est tenu de nous representer. Et a signé.

Si le Deffendeur comparoît, on met :

A laquelle assignation est comparu tel .... Deffendeur assisté de tel .... son Procureur lequel nous a dit qu'il n'empêchoit la representation des pieces à faire par tel .... pour par lui en convenir, ou les contester, si le cas y écheoit, & a signé.

Est aussi comparu tel .... Notaire Royal de la Residence de .... ou Greffier de ...... lequel nous a dit qu'il étoit prêt & offroit de nous representer les pieces en question, & a signé.

Surquoi nous Commissaires susdits avons donné Acte aux parties de leurs comparutions, dires, requisitions & consentement ci-dessus, & audit tel .... Notaire ou Greffier, de l'offre qu'il fait de representer lesdites pieces, & avons ordonné qu'el-

les nous feront prefentement reprefentées.

Si le Deffendeur ne comparoit
point, on met :

Surquoi nous Commiffaires fufdits avons donné Acte audit tel .....
Demandeur, de fa comparution, dire, requifition ci-deffus, & defaut
contre tel ..... Deffendeur non comparant, ni perfonne de fa part, &
pour le profit, avons ordonné qu'attendu la prefence dudit tel ..... Notaire ou Greffier de ..... il fera
prefentement procedé à ladite reprefentation.

Et à l'inflant ledit tel .... nous a
mis és mains deux pieces, la premiere contenant telle chofe .... en datte
du ..... fignée tel ..... tel ......
commençant par ces mots ..... &
finiffant par ceux-ci ..... & la feconde étant telle chofe ..... en datte
du ..... fignée tel ..... tel ..... commençant auffi par ces mots ..... &
finiffant par ceux-ci ..... lefquelles
nous avons reprefenté audit tel ....
Deffendeur, & l'avons interpellé de
convenir d'icelles, ou de les contefter ; lequel Deffendeur après avoir
pris infpection defdites pieces, & les

avoir examinées comme il a trouvé bon, a dit qu'il consente que lesdites pieces representées soient reçûës pour pieces de comparaison, à effet de servir à la verification de celle en question, & a signé.

Surquoi nous Commissaires susdits avons ordonné que lesdites telle ..... & telle ..... pieces demeureront pour pieces de comparaison, & que sur icelles il sera procedé à la verification de celle dont il s'agit, auquel effet elles seront jointes au present Procez verbal.

Si le Deffendeur n'est pas comparant, on ne fera pas mention que les pieces lui ont été representées : après la representation en faite par le Depositaire, les Commissaires en ordonneront la reception par l'Ordonnance ci-dessus.

Mais si le Deffendeur conteste lesdites pieces, on mettra l'ordonnance suivante.

Surquoi nous Commissaires susdits avons ordonné qu'il sera par nous referé à ..... pour ce fait être ensuite ordonné ce qu'il appartiendra. Ainsi fait les jour, mois, an & pardevant que dessus.

Sur ce referé interviendra jugement lequel, nonobſtant la conteſtation du Deffendeur, recevra les pieces en queſtion pour pieces de comparaiſon, ou les rejettera, & dans ce cas ordonnera qu'il en ſera raporté d'autres dans tel ..... delai.

Si les pieces ſont rejettées, le Demandeur eſt tenu d'en raporter d'autres, ce faiſant, on procedera à leur repreſentation, comme il a été fait pour les premieres ci-devant.

Si au contraire le jugement porte que leſdites pieces demeureront pour pieces de comparaiſon, le Demandeur fera aſſigner les Experts nommez d'office par le jugement qui a admis les moïens de Faux, pour prêter le ſerment de bien & fidelement proceder à la verification de la piece en queſtion, & le Deffendeur pour voir prêter ledit ſerment, ſi bon lui ſemble, & afin que s'il a quelque juſte moïen de recuſation à propoſer contre les Experts, ou l'un d'eux, il puiſſe le faire, ce qui neanmoins arrive rarement, parce que lors le Deffendeur doit avoir la preuve à la main de la cauſe de cette recuſation, & faute de ce, il sera deboutté & ordonné que l'Expert restera.

ORDONNANCE
Pour assigner les Experts & le Deffendeur.

DE l'Ordonnance de Nous N.... & N..... Commissaires en cette partie, à la Requête de tel ..... Demandeur en Faux, soit par le premier Huissier ou Sergent de ce Siege sur ce requis, donnée assignation à tel ..... & tel ...... Maîtres écrivains jurez de ..... demeurans à ..... Experts nommez d'office par jugement du ..... pour la verification de la piece dont il s'agit, à comparoir pardevant Nous en Chambre de ce Siege le ..... telle heure du matin ou de relevée, pour en execution dudit jugement prêter le serment de bien, fidelement, & en leurs consciences proceder à ladite verification, comme aussi à tel .... Deffendeur pour être present, si bon lui semble, à ladite prestation de serment. Aux peines de l'ordonnance en cas de defaut: de ce faire, & recrire donnons pouvoir, fait audit Siege le .....

Les Experts comparans, on tient
le Procez verbal suivant.

____

PROCEZ VERBAL

De Preſtation de ſerment des Experts.

L'An mil.... le .... telle heure
d... pardevant Nous N.... &
N .... Commiſſaires en cette partie,
en Chambre de ce Siege eſt comparu tel ..... Demandeur en Faux,
aſſiſté de tel ..... ſon Procureur, lequel nous a dit qu'en vertu du jugement du ..... & de nôtre ordonnance particuliere du ..... il a par
exploit du Sergent tel .... du ....
qu'il nous a repreſenté, fait aſſigner
à ce jour, lieu & heure tel ... & tel ...
Maîtres écrivains jurez de ..... demeurans à ..... Experts nommez d'office par ledit jugement pour la verification de la piece dont il s'agit,
à effet de prêter le ſerment de bien,
fidelement & en leurs conſciences y
proceder, comme auſſi ledit tel .....
Deffendeur au domicile de tel .....
ſon Procureur, pour être preſent,
ſi bon lui ſemble, à la preſtation de
ſerment deſdits Experts, nous aiant,

suivant ce, requis Acte de sa comparution , & defaut contre ledit
Deffendeur, s'il ne comparoit, ni
personne de sa part ; & attendu la
presence desdits Experts, qu'il nous
plût recevoir leur serment, & a signé.

A laquelle assignation est comparu tel ..... Deffendeur assisté de tel
son Procureur , lequel nous a dit
qu'il consentoit à la prestation de serment desdits Experts , & a signé.

S'il recuse les Experts ou l'un
d'eux, on met : Lequel nous a dit
que les Experts, ou tel ..... ne pouvoit proceder à la verification ordonnée, attendu que .....

Si la cause de la recusation étoit
valable & prouvée, il faudroit nommer un autre Expert, ou deux autres, s'ils étoient recusez tous deux.
C'est pourquoi dans le cas de recusation, les Commissaires ordonneront
qu'il en sera par eux referé, & si on
juge la recusation valable, interviendra jugement qui nommera un autre
Expert , pour conjoinctement avec
l'autre proceder à ladite verification,
ou deux nouveaux Experts, qu'on
fera assigner pour ensuite proceder
comme ci-dessus. Si la recusation

n'eſt pas valable, le Deffendeur ſera debouté, & il ſera ordonné que l'Expert demeurera pour Expert.

Mais ſi le Deffendeur ne recuſe point les Experts, on continuë de ſuite le Procez verbal, en mettant: Sont auſſi comparu tel ..... & tel .... Maîtres écrivains jurez de ...... demeurans à ..... Experts nommez d'office par ledit jugement du ..... leſquels nous ont dit qu'ils étoient prêts & offroient de prêter le ſerment en queſtion, & ont ſigné.

Surquoi Nous Commiſſaires ſuſdits avons donné Acte aux parties de leurs comparutions, dires, requiſition & conſentement ci-deſſus, & attendu la preſence deſdits Experts avons pris & reçû leur ſerment, de bien, fidelement & en leurs conſciences proceder à la verification dont il s'agit.

Ce fait, nous leur avons mis és mains les pieces ſuivantes, ſçavoir: telle ..... en datte du ..... ſignée tel ..... & tel ..... contenant tant de pages ou de feüillets, commençant par ces mots ..... & finiſſant par ceux-ci ..... de nous paraphée & dudit Demandeur, qui eſt la piece

arguée de Faux & de la verification
de laquelle il s'agit, & dont lefdits
Experts nous ont dit n'avoir eu aucune communication que par nos
mains prefentement : plus le jugement du ..... qui admet les moïens
de Faux & les deux pieces de comparaifon confiftant ; la premiere en
telle chofe .... en datte du .... fignée
tel ..... tel ..... commençant par ces
mots .... & finiffant par ceux-ci ....
& la deuxiéme en telle chofe .....
dattée du ..... fignée tel .... tel .....
commençant auffi par ces mots .....
& finiffant par ceux-ci ..... & ont
lefdits Experts figné avec nous.

On ne ferme point à prefent ce
Procez verbal, parce qu'on mettra
à la fuite leur comparution lors de
la remife de leur rapport; comme
on verra ci-après.

Le Rapport peut fe faire dans la
forme fuivante.

RAPPORT

Des Experts.

L'An mil .... le .... nous N ....
& N .... Maîtres Écrivains Jurés

de .... demeurans à .... Experts
nommez d'office par les .... ſuivant
leur Jugement du .... à la Requête
de tel .... Demandeur en Faux contre tel .... Deffendeur, après ſerment par nous fait & prêté de bien,
fidelement, & en nos conſciences
proceder à la verification de la piece
dont il s'agit, le .... pardevant les Srs.
tel ... & tel ... Commiſſaires, enſuite
de l'aſſignation à nous donnée le ....
ſuivant l'Exploit de l'Huiſſier tel ....
du même jour, & de la remiſe qui
nous a été faite de ladite piece arguée de Faux, contenant telle choſe,
en datte du .... ſignée tel ... en tant de
pages ou de feüillets, commençant
par ces mots, & finiſſant par ceux-ci,
paraphée *ne varietur*, enſemble de
deux autres pieces pour ſervir de comparaiſon de la verification de celle
en queſtion, dont la premiere eſt
telle choſe en datte du .... ſignée
tel .... commençant par ces mots
.... & finiſſant par ceux-ci .... &
la ſeconde telle choſe .... dattée du
.... ſignée tel .... commençant par
ces mots ...., & finiſſant par ceux-ci
.... comme auſſi dudit Jugement du
.... qui ordonne leſdits devoirs .

avons procedé à ladite verification comme il fuit : Nous avons d'abord vû & comparé toutes lefdites pieces les unes aux autres en plein jour, & autant de temps qu'il a fallu pour nous en éclaircir, & nous avons unanimement remarqué quant aufdites pieces de comparaifon, que.... il faut mettre les circonftances qui les determinent à croire què lefdites pieces font bonnes pour fervir à cette comparaifon, & puis ajoûter : aufquelles aiant conferé celle arguée de Faux avec toute l'attention poffible pour en decouvrir l'état certain, nous avons fait à fon égard les obfervations fuivantes, fçavoir :

Ils rapportent les circonftances qui appuient leur fentiment, en s'expliquant avec le plus de netteté & de brieveté qu'il eft poffible ; & s'il arrive qu'ils croïent la piece arguée de Faux, bonne & fans aucune marque apparente de fauffeté ou de fuppofition, ils concluent en mettant :

C'eft pourquoi comme ladite piece en queftion nous a paru fincere, ou faite de la même main de la perfonne qui a fait les écritures ou fi-

gnatures de comparaison, nous estimons qu'elle est sincere & veritable
suivant la connoissance de nôtre art.

Si au contraire ils reconnoissent par
des circonstances très - sensibles que
la piece arguée de Faux est consta-
ment vitieuse, soit par les alteration,
changement, suppression, addition,
substitution de lignes, de mots, ou
de chiffres, ou que ladite piece est
d'une main étrangere à celle de l'auteur des pieces de comparaison, ils
concluent en mettant : c'est pourquoi attendu les circonstances, &
suivant la connoissance de nôtre art,
nous estimons que ladite piece est
fausse & supposée, & avons dressé
ce present rapport de nous signé que
nous certifions veritable, pour servir
& valoir ce qu'il appartiendra, fait
les jour, mois & an que dessus.

Ce Rapport ainsi fait & dressé sera
remis en minute au Juge, auquel
effet les Experts se retireront pardevant les Commissaires qui feront
mention à la suite dudit Procez verbal ci-devant, de la remise tant dudit
Rapport, que des autres pieces, comme il suit.

On suppose que les Experts sont

de même sentiment ; car s'ils sont contraires en leur Rapport, le Juge nommera d'office un tiers qui sera assisté des deux autres, & s'ils conviennent tous, ils donneront un seul avis par un même Rapport, sinon ils donneront chacun leur avis, conformement à l'article 13. titre 21. Ordonnance 1667.

Ce tiers sera assigné, fera le serment, & on procedera comme on l'a vû pour les deux autres.

Et le .... mil .... heures d .... pardevant nous Commissaires susdits, en Chambre dudit Siege sont comparus lesdits tel .... & tel .... Maîtres Ecrivains Jurés de .... demeurans à .... Experts nommez par ledit Jugement du .... pour la verification de la piece dont il s'agit, lesquels nous ont remis le Rapport par eux fait & signé le .... contenant tant de pages ou de feüillets, ensemble ladite piece arguée de Faux, ledit Jugement du .... & les deux pieces de comparaison, lequel Rapport nous avons paraphé en chaque page pour éviter à changement, & ont lesdits Experts signé avec nous, & nous aians requis taxe, nous leur avons taxé à chacun tant.... ainſi fait les jour, mois, an , & pardevant que deſſus.

Le Rapport ainſi que le Procez verbal ſe mettent en groſſe, & ſont joints aux autres pieces.

Si les Experts ont declaré la piece en queſtion bonne & ſincere, il ne ſe fait point une plus ample inſtruction du pretendu Faux, toutes les pieces ſont remiſes au Procureur du Roy , lequel conclut à ce que les Parties ſe pourvoient à l'Audience à fins civils, ou que la piece ſoit jointe ou remiſe au Procez, pour en jugeant y avoir tel égard que de raiſon, ſur leſquelles concluſions intervient Jugement conforme.

Si au contraire la piece en queſtion eſt declarée fauſſe & ſuppoſée , on communique le tout pareillement au Procureur du Roy, & ſur ſes concluſions il ſera ordonné que les Experts ſeront repetez en leur Rapport ſeparement par forme de depoſition. Alors le Procureur du Roy ſe joint au Demandeur contre le Deffendeur , lequel devient accuſé, & tous deux agiſſent de concert, l'un pour ſes interêts civils, & l'autre pour la vin-

Uſage du Chatelet de Paris.

Art. 16, Tit. 9.

dicte publique , & le Procez eſt fait, :
& à la piece fauſſe , & à celui qui a
declaré vouloir s'en ſervir; en un mot
c'eſt ce Jugement, portant que les Experts feront repetez, qui fixe l'affaire
en une inſtance criminelle dirigée
contre la piece & contre le Deffendeur en Faux. En conſequence de ce
Jugement on fait aſſigner les Experts
par Ordonnance conforme au modele ſuivant.

ORDONNANCE
*Ponr aſſigner les Experts à effet d'être
repetés en leur Rapport.*

DE l'Ordonnance de nous N....
& N.... Commiſſaires en cette partie, à la Requête de tel ....
Demandeur, le Procureur du Roy
joint, ſoit par le premier Sergent de ce
Siege requis, donnée aſſignation à tel
.... & tel.... Maîtres Ecrivains demeurans à .... Experts nommez d'office, à
être & comparoir en Chambre de ce
Siege le .... telle heure du matin
ou de relevée, pour en execution du
Jugement du .... être repetez par
forme de depoſition dans le Rapport
par eux fait le .... aux peines de
l'Ordonnance en cas de defaut: de

ce faire & recrire donnons pouvoir, fait audit Siege le . . . .

Les Experts comparans, on procede à leur repetition comme il suit, observant qu'il faut leur representer la piece en question, les pieces de comparaison & leur Rapport, duquel on leur fait Lecture.

REPETITION.

REpetition par forme d'information faite par nous N . . . . & N . . . . Commissaires en cette partie, à la Requête de tel . . . . Demandeur, le Procureur du Roy joint, de tel . . . & tel . . . . Maîtres Ecrivains Jurez de . . . . demeurans à . . . . Experts nommez d'office, dans le Rapport par eux fait le . . . . à laquelle repetition avons procedé comme il suit, en execution du Jugement du . . . . & accompagnez de tel . . . . Greffier de ce Siege, ou de tel . . . . pris avec nous pour Greffier.

Du . . . . heure de . . . . pardevant que dessus en Chambre Criminelle, ou de ce Siege.

Est comparu tel . . . . Maître Ecri-

vain Juré de .... âgé de .... demeurant à .... Expert nommé d'office
pour la verification de la piece en
queſtion , & aſſigné à ce jour par
Exploit du Sergent tel .... du ....
qu'il nous a repreſenté, auquel après
ferment par lui fait & prêté de dire
verité, & ſa declaration de n'être
parent, allié, ſerviteur, ni domeſti-
qne des Parties, avons mis ès mains
la piece en queſtion conſiſtant en telle
choſe, en datte du .... ſignée tel ....
contenant tant de pages ou de feüillets, commençant per ces mots, &
finiſſant par ceux-ci, paraphée de
nous & dudit Demandeur, enſemble
les deux pieces de comparaiſon, dont
la premiere eſt telle choſe dattée du
.... ſignée tel .... commençant par
ces mots .... & finiſſant par ceux-ci
.... & la ſeconde telle choſe en
datte du .... ſignée tel .... commençant auſſi par ces mots .... & finiſſant par ceux-ci ... & enfin ſondit Rapport du .... & ledit tel ....
Expert aiant le tout revû & examiné à loiſir & en plein jour :

A dit & depoſé qu'il a obſervé au
ſujet deſdites pieces de comparaiſon,
que ....

On met les circonstances qui les ont determinées, ainsi qu'elles sont reprises au Rapport . . . . . & à l'égard de celle arguée de Faux, telles autres circonstances . . . . . . il conclut de même qu'audit Rapport, à moins qu'il n'y voulut changer, & ensuite on met:

Ce qu'il a ainsi connu au moïen de l'experience qu'il a au fait des écritures. Lecture à lui faite de sa presente repetition, il a dit icelle contenir verité, y a persisté & signé, & nous aiant requis taxe, &c,

Les formalitez à observer font les mêmes que celles prescrites pour l'information, Chapitre 4.

On procede à la repetition de l'autre Expert de la même maniere que ci-dessus, la mettant à la suite & dans le même cahier, & le tout aiant été communiqué au Procureur du Roy, il donne ses conclusions tendantes à un decret contre le Deffendeur, qui dès ce moment est qualifié d'Accusé; ce decret est ordinairement d'assigné pour être oüi si le Deffendeur est un heritier, un cessionnaire, en un mot un porteur de bonne foi, qui a trouvé en succession la piece accusée de

Faux, ou d'un ajournement perſonnel ou de priſe de corps, ſi le Deſfendeur eſt ſuſpecté d'être l'auteur du Faux ou d'y avoir part, & ſuivant que la charge y diſpoſe.

Si l'Accuſé n'eſt decreté que d'aſſigné pour être oüi, ou d'ajournement perſonnel, on lui fait ſignifier copie du decret avec aſſignation à comparoir aux delais de l'Ordonnance pour ſubir l'Interrogatoire. S'il ne comparoit, on convertira, comme on l'a vû ci-devant au chapitre cinquieme, le decret d'aſſigné pour être oüi, en decret d'ajournement perſonnel, & celui d'ajournement perſonnel, en decret de priſe corps; & au cas qu'il ne puiſſe être apprehendé, on inſtruira contre lui la contumace de la maniere qu'on l'a dit au chap. 9.

Si l'Accuſé comparoit, ou eſt apprehendé, il ſera interrogé ſur les faits reſultans tant de la Repetition des Experts en leur rapport, que des depoſitions des Témoins oüis en l'information, ſi aucune y a, laquelle dans ce cas auroit été miſe dans un cahier ſeparé de ladite Repetition. On repreſentera lors à l'Accuſé ladite piece accuſée de Faux,

&

& les deux pieces de comparaison.
On lui fera parapher ladite piece,
s'il le veut, ou le peut, sinon en
sera fait mention, ainsi que de la
representation ; & on l'interrogera
sur les faits qui la concernent. Le
modele de l'interrogatoire & les formalités à y observer sont au chapître 6.

L'interrogatoire étant fait, sera
communiqué avec les autres pieces
au Procureur du Roy, & sur ses
conclusions interviendra jugement
portant que les Experts & les Témoins, si aucuns y a, seront recolés en leurs depositions, & confrontés, si besoin est, à l'Accusé.

En exécution de ce jugement, le
Demandeur prendra ordonnance de
Commissaires, conforme au modele
suivant pour faire assigner les Experts & les Témoins.

ORDONNANCE
Pour assigner les Experts & les Témoins.

DE l'ordonnance de Nous N....
& N ..... Commissaires en cette
partie, à la Requête de tel ....
Demandeur en Faux, le Procureur
du Roy joint, soit par le premier

Sergent de ce Siege requis, donnée
aſſignation à tel ..... & tel ..... Maîtres écrivains demeurans à .... & à
tel ..... tel .... (Temoins qui y ſeront
nommez) à être & comparoir en
Chambre de ce Siege le ...... telle
heure du matin ou de relevée, pour
en execution du jugement du .....
être recolez en leurs depoſitions, &
confrontés, ſi beſoin eſt, à P. .....
priſonnier & accuſé.

Si l'Accuſé n'eſt pas priſonnier,
on ajoutera : comme auſſi audit P.
..... Accuſé, à effet de ſubir la confrontation deſdits Experts & Temoins, aux peines de l'ordonnance
en cas de defaut. De ce faire &
recrire lui donnons pouvoir. Fait
audit Siege le .....

On obſerve que lors du recolement, il faut repreſenter de nouveau
aux Experts la piece accuſée de Faux
& celles de comparaiſon, & en faire
mention. On y obſerve les mêmes
formalitez qu'au recolement ordinaire des Temoins, & on y procede
comme il ſuit.

RECOLEMENT

Des Experts.

REcolement fait par Nous N..... & N. .... Commiſſaires en cette partie, à la Requête de tel .... Demandeur en Faux, le Procureur du Roy joint, de tel ..... & tel ..... Maîtres écrivains & Experts ouïs dans la repetition par forme d'information par nous faite le ..... en execution du jugement du ....? s'il y a des Temoins, on ajoute :

Comme auſſi des Temoins ouïs en l'information par nous faite le .... en execution du jugement du ....

Auquel Recolement avons procecedé comme il ſuit, conformement au jugement du .....

Du ..... mil ..... heure d ..... pardevant que deſſus en Chambre de ce Siege,

Eſt comparu tel ... Maître écrivain juré de .... demeurant à ..... Expert nommé d'office, & premier Temoin ouï en ladite repetition, aſſigné à ce jour à l'effet du preſent Recolement ſuivant l'exploit du Ser-

gent tel .... du ..... qu'il nous a reprefenté, auquel après ferment par
lui fait de dire verité, avons mis és
mains ladite piece accufée de Faux
confiftant en telle chofe, dattée du ....
fignée tel ..... commençant par ces
mots .... & finiffant par ceux-ci .....
paraphée de nous, du Demandeur
& de l'Accufé, & les deux pieces
de comparaifon, la premiere contenant telle chofe, en datte du .....
fignée tel ..... commençant par ces
mots ..... & finiffant par ceux-ci .....
& la feconde étant telle chofe, dattée
du ..... fignée tel ..... commençant
par ces mots .... & finiffant par ceux-
ci ..... & lui avons enfuite fait faire
lecture de fa depofition contenuë en
ladite repetition, & après l'avoir
oui, & avoir examiné à loifir & en
plein jour ladite piece accufée &
lefdites pieces de comparaifon, nous
l'avons interpellé de declarer fi fa
depofition contient verité, & s'il y
veut changer, augmenter, ou diminuer, & s'il y perfifte : ledit tel ....
a dit que fa depofition eft veritable
en tout fon contenu, qu'il n'y veut
rien changer, augmenter, ni diminuer, & qu'il y perfifte.

Si l'Expert y vouloit faire quelque changement, on en fera mention, en mettant après ce mot, diminuer, ceux-ci : fauf que ..... perfiftant dans le furplus de fa depofition.

Lecture à lui faite du prefent Recolement, il y a pareillement perfifté & figné, & nous aiánt requis taxe, lui avons taxé, &c.

On recole l'autre Expert de la même façon, comme auffi les Temoins, s'il en y a, aufquels on reprefentera ladite piece, s'ils en parlent dans leurs depofitions.

On procede enfuite à la confrontation y obfervant auffi les mêmes formalitez qu'à celle ordinaire des Temoins, & reprefentant la piece en queftion, & celles de comparaifon tant aux Experts qu'à l'Accufé.

CONFRONTATION

Des Experts à l'Accufé.

Confrontation faite par nous N. ....., & N. ..... Commiffaires en cette partie, à la Requête de tel ....

Demandeur en Faux, le Procureur
du Roy joint, de tel .... & tel .....
Maîtres écrivains Experts nommés
d'office, ouïs dans la repetition par
forme d'information par nous faite
le ..... en execution du jugement
du .....

S'il y a des Témoins, on ajoute :

Comme aussi des Témoins ouïs
en l'information par nous faite le
.... en execution du jugement du ....
à P. .... Accusé, à laquelle confrontation avons procedé comme il suit,
conformement au jugement du ....

Du .... mil .... heures d .....

A été tiré des prisons & amené
pardevant nous, ou, si l'Accusé
est pas prisonnier :

Est comparu pardevant Nous en
Chambre de ce Siege P..... Accusé,
auquel avons confronté tel ..... Maître écrivain & premier Expert, ou
Témoin, oui en ladite repetition par
forme d'information, & après serment par eux prêté en presence l'un
de l'autre de dire verité, & interpellés
de declarer s'ils se connoissent, ont
dit ....

Ce fait, nous avons fait faire lecture à l'Accusé des premiers articles

de la depofition dudit Expert temoin, contenant fes nom, furnom,
âge, qualité, demeure & declaration de n'être parent, allié, ferviteur, ni domeftique des parties, &
l'avons interpellé de fournir prefentement des reproches, fi aucuns il
a, contre ledit Temoin, finon qu'il
n'y fera plus reçû, après qu'il aura
eû lecture du furplus de la depofition & du recolement, fuivant l'ordonnance que nous lui avons expliqué, l'Accufé a dit......

S'il fournit des reproches, le Témoin doit repondre en mettant:

Et par ledit Temoin a été dit
que ......

Après quoi nous avons fait faire
lecture en prefence defdits Temoin
& Accufé de la depofition dudit Temoin, & de fon recolement, & leur
avons reprefenté tant ladite piece
accufée; que celles de comparaifon,
& après avoir ouï ladite lecture des
depofition & recolement, & a-
voir vû & examiné lefdites pieces,
les avons interpellé de declarer s'ils
reconnoiffent lefdites pieces, &
fi les depofition & recolement contiennent verité, l'Accufé a dit qu'il

reconnoit ladite piece pour être celle dont il a declaré vouloir se servir, & les deux autres pour être celles dont il est convenu pour la verification de l'autre ; & quant aux deposition & recolement dudit Temoin, il a dit que ....

Et par ledit Temoin a été dit qu'il reconnoit aussi lesdites pieces pour les mêmes sur lesquelles il a rendu sa deposition & fait son recolement, & que sesd. deposition & recolement sont veritables en tout leur contenu, & l'a ainsi soutenu à l'Accusé present, & que c'est de la piece accusée à lui representée, dont il a entendu parler par sesd. deposition & recolement, & qu'il y persiste, ne connoissant point l'Accusé, ou connoissant l'Accusé.

Lecture faite ausdits Temoin & Accusé de la presente confrontation, ils y ont chacun persisté à leur égard & ont signé.

On confronte l'autre Expert de la même maniere, comme aussi les Temoins, si quelques uns ont été oüis dans l'information, & on leur represente la piece accusée, ainsi qu'à l'Accusé même ; & la confron-

tation achevée , le tout est de nouveau communiqué au Procureur du
Roy qui donne ses conclusions diffinitives. L'Accusé subit ensuite le
dernier Interrogatoire , & les Experts
aiant soutenu la piece fausse , le Jugement diffinitif prononcera d'abord
une telle piece declarée fausse &
faussement fabriquée , & l'Accusé
atteint & convaincu de .... pour
reparation condamné à ....

Si c'est un Fabricateur , la peine
ordinaire est l'amende honorable ,
lors de laquelle il est ordonné que
la piece sera lacerée par l'Exécuteur;
ou si ce n'est qu'une amende honorable seche par le Greffier, de laquelle laceration on fait mention au
pied du Jugement : si c'est quelqu'un
qui en ait été porteur de bonne foi,
on peut le condamner suivant les
circonstances, l'espece du Faux, &
la qualité des personnes , à une admo-
nition avec deffenses , à une injonc-
tion d'être plus circonspect , ou à
une autre légere condamnation, &
en tous les depens pour dommages
& interêts. Après le Jugement rendu , les pieces de comparaison seront remises au depositaire qui en

donnera décharge au pied du **Pro-**
cez verbal tenu lors de la representation par lui faite d'icelles.

C'est ainsi que le Procez se fait
& à la piece, & à celui qui a declaré vouloir s'en servir; & on ne
peut sans ces formalitez declarer une
piece fausse & faussement fabriquée.

Il reste ensuite l'instance civile à
juger dont la piece condamnée fai-
soit d'abord partie ; on la juge ensuite & separément , & la piece
dont il est question n'en fait plus
partie, puisque par Jugement rendu
sur Procez extraordinaire, elle est
declarée fausse & faussement fabriquée.

Il est bon d'observer en finissant
cet article, que quoique l'article 16.
du titre 9. de l'Ordonnance de 1670.
porte que s'il y a charge dans le Rapport , le Juge pourra decreter & ensuite ordonner la repetition, &c. Cette disposition est seulement une permission que l'on donne au Juge de
pouvoir decreter avant même la repetition, que cette permission n'est
que très-rarement mise en usage,
& qu'on pourroit la pratiquer à l'é-
gard d'un faussaire, qui n'a ni feu

ni lieu rien pour repondre, & qui, sitôt qu'il sçauroit la repetition ordonnée, s'évaderoit, & par sa fuite éviteroit la peine qu'un crime aussi grave meriteroit ; mais rarement on use de cette permission.

ARTICLE II.

Du Faux principal.

L'Instance en Faux principal qui se fait contre celui qui est formellement accusé d'être auteur d'une écriture accusée de Faux, ne tend pas seulement à prouver la supposition de la piece pretenduë fausse, mais encore à convaincre son auteur de la fabrication qu'il en a fait, ou fait faire : c'est pour cela que l'instruction s'en fait comme de toutes autres actions en matieres criminelles, & tout differamment de celle du faux Incident qui comme accessoire d'une instance civile, semble devoir être toûjours consideré comme civile, jusqu'à ce que par un Rapport d'experts en écritures, la pretenduë fausseté de la piece arguée de Faux soit averée. Cette instan-

ce commence par la plainte, accusation, ou denonciation. La plainte
se fait, ou pardevant le Juge, &
écrite par le Greffier, ou par Requête que donne celui qui se croit
trompé en ce qui concerne l'écriture
qu'il accuse de faux, & dont il accuse pareillement celui qu'il prétend
en être le fabricateur. Cette Requête
contiendra tous les indices qui sem-
blent prouver l'un & l'autre fait,
& on conclud ordinairement à ce
qu'il plaise au Juge donner acte au
plaignant de sa plainte; & de ce
qu'il se rend partie civile, lui permettre en consequence de faire informer des faits y contenus, circonstances & dependances, pardevant
.... tant par titres, Temoins que
comparaison d'écritures par Experts
Jurez Ecrivains à nommer d'office,
Procez verbal préalablement tenu
de l'état de ladite piece accusée de
Faux.

Cette Requête est reponduë de
soit communiquée au Procureur du
Roy, & vû ses conclusions, le Juge
donne acte de la plainte, ordonne
qu'il sera informé pardevant tel ....
& tel .... qu'il commet, & que la

piece en question sera verifiée par
tel & tel .... Maitres Ecrivains
Jurez, Procez verbal préalablement
tenu de son état, &c.

Ensuite de ce Jugement que la
partie civile leve, la piece sera remise aux Commissaires, pour tenir
Procez verbal, & faire description
d'icelle, ladite partie civile presente
pour la parapher avec lesdits Commissaires, si elle veut, ou peut la
parapher, sinon en sera fait mention; & cela fait, la piece sera remise au Greffe.

S'il n'y a point de partie civile,
le Procureur du Roy donne un requisitoire tendant aux mêmes fins que
la Requête cy-dessus, sur lequel intervient un pareil jugement, &
ledit Procureur du Roy est present
audit Procez verbal, & paraphe
ladite piece avec les Commissaires.

Art. 2.
Tit. 9.

PROCEZ VERBAL

De l'état de la piece accusée de Faux.

L'An mil .... le .... heures d .... pardevant nous N .... & N .... Commissaires en cette partie en Chambre

Criminelle, ou de ce Siege, est comparu le Procureur du Roy, ou tel .... partie civile, lequel nous a dit que par Jugement du .... il a été ordonné entre autres choses que Procez verbal fut tenu d'une telle piece par lui accusée de Faux, qu'il pretend avoir été fabriquée par tel .... accusé dudit Faux, nous aiant en consequence requis qu'il nous plût proceder à la description de ladite piece, & a signé.

Sur quoi nous Commissaires susdits avons donné acte audit Procureur du Roy, ou audit tel .... partie civile, de sa comparution, dire, & requisition ci-dessus, & avons ordonné qu'il sera presentement par nous procedé à la description de ladite piece.

Ce fait, ladite piece nous aiant été remise par le Greffier de ce Siege, nous avons remarqué qu'elle consiste en telle chose, écrite en papier ou parchemin, qu'elle contient tant de pages ou de feüillets, qu'elle est dattée du .... ou sans datte, signée tel .... ou sans signature, qu'elle commence par ces mots .... & finit par ceux-ci .... & autres circonstan-

ces & obſervations qu'on exprime,
& enſuite on met :

Laquelle piece a été paraphée par
nous & ledit Procureur du Roy, ou
ledit tel .... partie civile, ou & ledit
tel .... partie civile n'a pû la parapher, attendu .... on en met la
cauſe comme, s'il étoit eſtropié ou
bleſſé à la main, &c. Et remiſe au
Greffe. Ainſi fait les jour, mois,
an & pardevant que deſſus.

Ce Procez verbal tenu, la partie
publique, ou la partie civile, s'il y
en a, prend Ordonnance de Commiſſaires, & fait aſſigner les Temoins.
On procede enſuite à leur audition,
& on leur repreſente lors la piece Art. 8.
accuſée, & on en fait mention. Tit. 9.
L'information faite & communiquée au Procureur du Roy, intervient le decret ſoit d'ajournement
perſonnel, ou de priſe corps ; ſuivant que les charges y diſpoſent.

Si l'Accuſé ne comparoit, le decret d'ajournement perſonnel ſera
converti en decret de priſe de corps,
& s'il n'a pu étre aprehendé, on
inſtruira contre lui la grande contumace de la maniere qu'on l'a dit
ci-devant.

Art. 1
Tit. 14

Si l'Accufé comparoit, ou eft arrêté, il fera interrogé inceffamment, & fon Interrogatoire commencé au plus tard dans les vingt-quatre heu-

Art. 1.
Tit. 8.

res de fon emprifonnement. On lui reprefentera lors la piece en queftion, & il fera interpellé de la reconnoître, & de convenir de l'avoir écrite ou fignée; après quoi elle fera paraphée par les Commiffaires & l'Accufé, s'il veut & peut la parapher, finon en fera fait mention.

Art. 2. 4.
5. 6. 7.
Tit. 8.

Si l'Accufé reconnoît avoir écrite ou fignée ladite piece, elle fera foi contre lui, & n'en fera faite aucune verification. Si au contraire il refufe de la reconnoître, ou denie de l'avoir écrite ou fignée, le Procureur du Roy, ou la partie civile, s'il y en a, pourront fournir des pieces de comparaifon pour fervir à la verification de celle accufée de Faux.

Les pieces de comparaifon feront autentiques ou reconnuës par l'Accufé, ainfi qu'on l'a dit à l'article precedent; c'eft pourquoi elles lui feront reprefentées pour en convenir, ou les contefter, fi bon lui femble.

PROCEZ VERBAL

De Repreſentation de pieces à l'Accuſé,
pour ſervir de pieces de comparaiſor.

L'An mil.... le .... heures d...
nous N.... & N.. Commiſſaires en cette partie à la Requête du
Procureur du Roy, ou de tel....
partie civile, le Procureur du Roy
joint, avons fait tirer des priſons,
& amener pardevant nous en Chambre de ce Siege P.... priſonnier
accuſé, auquel après ſerment par
lui fait de dire verité, avons repreſenté deux pieces, l'une étant telle
choſe, en datte du .... ſignée tel....
commençant par ces mots .... & finiſſant par ceux-ci .... & l'autre
telle choſe, dattée du .... ſignée tel
.... commençant par ces mots....
& finiſſant par ceux-ci.... à nous
miſes és mains par le Procureur du
Roy, ou tel.... partie civile, & interpellé ledit Accuſé de convenir
preſentement deſd. pieces, pour ſervir de comparaiſon à celle par lui
deniée, & de la verification de laquelle il s'agit, ou les conteſter, ſi

bon lui femble ; lequel Accufé après avoir vû & examiné à loifir lefdites pieces, eft convenu d'icelles pour fervir à la verification de celle par lui deniée, lefquelles il a paraphées avec nous.

Si l'Accufé n'en convient pas, on mettra : lequel Accufé après avoir vû & examiné à loifir lefdites pieces, a dit qu'elles ne peuvent fervir à ladite verification pour telles & telles raifons qu'il apportera & qu'on écrira.

Lecture à lui faite du prefent Procez verbal, il y a perfifté & figné.

Si l'Accufé convient des pieces de comparaifon, on rend un Jugement par lequel on ordonne qu'elles demeureront pour telles, & que fur icelles il fera procedé à ladite verification.

Art. 8. 9. 10. Tit. 2. Si au contraire il les contefte, le Procez verbal eft communiqué au Procureur du Roy & à la partie civile, s'il y en a, & enfuite intervient Jugement par lequel on ordonne au Procureur du Roy ou à la partie civile, fi les raifons de l'Accufé font trouvées légitimes, de rapporter d'autres pieces dans tel

delai , & icelles rapportées feront
reprefentées à l'Accufé , comme ci-
deffus. Si les raifons ne font point
admifes , il fera ordonné que les
pieces feront reçûës , & en confequence les Experts feront affignés
pour proceder à ladite verification.

Mais s'il arrivoit que le Procureur
du Roy ou la partie civile ne pourroit trouver de l'écriture de l'Accufé, de la qualité de celle à être admi-
fe pour piece de comparaifon , ou
que l'Accufé ne reconnut point celle
qu'on lui a reprefentée , on pourra
requerir que l'Accufé fera tenu d'é-
crire en prefence des Experts &
des Commiffaires, ce qui lui fera dicté pour fervir de pieces de comparaifon; ce qui fera ainfi ordonné , &
les Experts feront affignés par l'Ordonnance fuivante.

O R D O N N A N C E
Pour Affigner les Experts.

DE l'Ordonnance de nous N . . . .
& N . . . . Commiffaires en cette partie , à la Requête du Procureur du Roy , ou de tel . . . . partie
civile, le Procureur du Roy joint ,
foit par le premier Sergent de ce

Siege requis, donnée affignation à tel .... & tel .... Maîtres Ecrivains Jurez de .... demeurans à .... Experts nommez d'office par Jugement du .... à l'effet de la verification de la piece accufée de Faux dont il s'agit, à comparoir en Chambre de ce Siege le .... telle heure d .... pour en exécution du Jugement du .... être prefens à ce que P .... accufé écrira à leur dictature, pour fervir de piece de comparaifon pour ladite verification, aux peines de l'Ordonnance en cas de défaut : de ce faire & recrire donnons pouvoir. Fait audit Siege le ....

Les Experts comparans font écrire à l'Accufé en prefence des Commiffaires tel difcours qu'ils croïent lui devoir dicter, qui autant que faire fe peut, doit avoir rapport à celui contenu en la piece en queftion. On lui fait faire mention que cette écriture a été par lui faite en confequence dudit Jugement, pour fervir de piece de comparaifon à celle accufée de Faux de la verification de laquelle il s'agit ; il figne enfuite, & avec lui lefdits Experts & les Commiffaires, lefquels paraphent, *ne*

varietur. Le Greffier figne aufli, &
on tient à ce fujet le Procez Verbal
dans la forme fuivante.

PROCEZ VERBAL

Lorfqu'il eft ordonné à l'Accufé d'écri-
re, pour fon écriture fervir de piece
de comparaifon.

L'An mil .... le .... heures d .... en
Chambre de ce Siege pardevant
nous N .... & N .... Commiffaires en cette partie, eft comparu le
Procureur du Roy, ou tel .... partie civile, le Procureur du Roy
joint, lequel nous a dit qu'en exécution du Jugement du .... par lequel il a été ordonné que pour la
verification de la piece accufée de
Faux P .... accufé écriroit en nôtre
prefence & de celle des Experts nommez d'office par Jugement du .... le
difcours qui lui feroit par eux dicté;
il a en vertu de nôtre Ordonnance
particuliere du .... fait affigner à ce
jour, lieu & heure lefdits Experts,
pour voir écrire ledit Accufé, nous
aiant ledit Procureur du Roy ou
tel .... partie civile, requis qu'atten-

du la presence desdits Experts ici comparans, il nous plût faire amener l'Accusé pour l'exécution dudit Jugement, & a signé.

A laquelle assignation sont comparu tel .... & tel .... Maîtres Ecrivains Jurez de .... demeurans à .... Experts nommez d'office par ledit Jugement du .... pour la verification de la piece accusée de Faux dont il s'agit, & assignés par Exploit du Sergent tel .... du .... pour l'exécution du Jugement du .... lesquels nous ont dit qu'ils étoient prêts de voir écrire l'accusé, & ont signé.

Surquoi nous Commissaires susdits avons donné acte audit Procureur du Roy, ou audit tel .... partie civile, de sa comparution, dire & requisition ci-dessus, & attendu la presence desdits Experts ausquels nous avons pareillement donné acte de leur comparution, avons ordonné qu'il sera presentement procedé à l'exécution dudit Jugement du....

Et à l'instant avons fait tirer des prisons, & amener pardevant nous en ladite Chambre P .... accusé, auquel après avoir fait faire lecture dudit Jugement du .... nous avons remis une feüille de papier fur laquelle il auroit écrit le difcours qui lui auroit été dicté par lefdits Experts en ces mots ...... & auroit exprimé enfuite qu'il a fait ladite écriture pour en exécution dudit Jugement fervir de comparaifon en la verification de la piece accufée de Faux, laquelle écriture il a figné avec lefdits Experts & nous, & après avoir été de nous paraphée, nous avons ordonné qu'elle fera jointe au prefent Procez verbal, & ont lefdits Accufé & Experts figné avec nous. Ainfi fait les jour, mois, an & pardevant que deffus.

Ladite feüille & le Procez verbal font enfuite communiquez au Procureur du Roy, & fur fes conclufions le Juge ordonnera que ladite écriture fera reçûë pour piece de comparaifon, & que fur icelle il fera procedé par lefdits Experts à la verification de ladite piece accufée de Faux.

Les pieces de comparaifon telles qu'elles foient, étant ainfi convenuës ou reçûës par le Juge, on prend ordonnance de Commiffaires pour faire affigner les Experts, à effet de prêter le ferment de bien & fidelement proceder à ladite verification.

ORDONNANCE
Pour affigner les Experts pour procéder à ladite verification.

DE l'Ordonnance de nous N.... & N.... Commiffaires en cette partie, à la Requête du Procureur du Roy, ou de tel.... partie civile, le Procureur du Roy joint, foit par le premier Sergent de ce Siege requis, donnée affignation à tel.....& tel....Maîtres Ecrivains Jurez de....demeurans à....Experts nommez d'office par Jugement du.... pour la verification de la piece accufée de Faux dont il s'agit, à être & comparoir en Chambre de ce Siege le....telle heure de.... pour en exécution dudit Jugement prêter le ferment de bien, fidelement & en leur confcience procéder à ladite verification, & enfuite depofer leur fentiment dans l'information, aux peines de l'Ordonnance en cas de défaut: de ce faire & recrire donnons pouvoir, fait audit Siege le....

Les

Les Experts comparans , on leur Art. 11.
12. Tit.
8. met ès mains chacun féparement les pieces de comparaifon & la piece en queftion , pour les voir & examiner à loifir , & tant & fi long-temps qu'ils foient parfaitement informés de l'état defdites pieces ; & pour lors , après ferment de dire verité par eux prêté , ils depofent chacun auffi feparement leur fentiment dans l'information , ainfi que les autres Temoins , & comme il fuit.

  Du . . . . mil . . . . heures d . . . . pardevant que deffus en Chambre de ce Siege ,

Eft comparu tel . . . . Maître Écrivain Juré de . . . . demeurant à . . . . âgé de . . . . Expert nommé d'office par Jugement du . . . . & affigné à ce jour par Exploit du Sergent tel . . . . du . . . qu'il nous a reprefenté, à l'effet de la verification ordonnée par ledit Jugement , & après ferment par lui fait de dire verité , & qu'il a declaré n'être parent, allié , ferviteur, ni domeftique des Parties, lui avons mife ès mains ladite piece accufée de Faux, laquelle confifte en telle chofe , en datte du . . . . fignée tel . . . . contenant tant de feüillets ou de pages, commençant par ces mots .... & finissant par ceux-ci ... de nous paraphée, *ne varietur*, & deux autres pieces pour servir de comparaison, la premiere étant telle chose ... dattée du .... signée tel .... commençant par ces mots .... & finissant par ceux-ci .... & la seconde étant telle chose, dattée du .... signée tel .... commençant par ces mots .... & finissant par ceux-ci .... toutes deux pareillement paraphées, *ne varientur.*

S'il n'y a que la feuille dont est parlé ci-devant pour piece de comparaison, on mettra, après avoir parlé de la piece accusée :

Et l'écriture de l'Accusé par lui faite pardevant nous le .... presens lesdits Experts, pareillement paraphée, commençante par ces mots .... & finissante par ceux-ci .... reçûë pour piece de comparaison.

Lesquelles pieces, tant accusée de Faux que de comparaison, aiant été par lui vûës, & examinées en plein jour, & autant de temps qu'il lui a été nécessaire pour être pleinement éclairci à leur sujet, lecture à lui faite de la plainte, ou requisitoire, enfemble dudit Jugement du .... qui a ordonné qu'il feroit informé des faits y contenus, depofant fon fentiment au fujet tant de ladite piece accufée de Faux, que de celle de comparaifon.

A dit au fujet des écritures de comparaifon, qu'il a remarqué telles circonftances ...... qui l'ont déterminé à croire qu'elles étoient bonnes, pour fervir à ladite verification, ou qu'elles n'étoient bonnes qu'en partie, aufquelles fufdites écritures de comparaifon, ledit Expert aiant conferé celle de la piece accufée de Faux, il a dit avoir obfervé telles circonftances ...... dont il infere que fon fentiment eft que cette piece eft bonne & fincere, ou qu'elle eft fauffe & fuppofée, au fufdites cîrconftances par lui ci-deffus obfervées.

Ou, & après avoir conferé l'écriture dudit Accufé à celle de la piece accufée de Faux, il a dit qu'il eftime & croit, vû les obfervations par lui faites, que ledit Accufé en eft l'auteur, ou que ledit Accufé n'en eft pas l'auteur.

Ce qu'il a ainfi reconnu au moïen

M 2

de l'experience qu'il a au fait des écritures. Lecture à lui faite de sa depofition, il a dit qu'elle contient verité, y a perfifté & figné; & nous aiant requis taxe, lui avons taxé, &c.

L'autre Expert procede de la même maniere à la verification, & on couche fa depofition comme ci-deffus. Le Procez eft enfuite communiqué au Procureur du Roy, & fur fes conclufions interviendra jugement portant que les Temoins & les Experts ouïs en l'information, feront recolez & confrontez, fi befoin eft, à l'Accufé. On procedera au Recolement & à la confrontation, fe fouvenant de reprefenter lors tant la piece accufée de Faux, que celles de comparaifon, ainfi qu'on l'a dit à l'Article precedent: on y trouvera les modeles de Recolement & confrontation, qu'on n'a pas crû devoir repêter ici, pour éviter les redites.

Ces devoirs étant achevez, feront encore communiquez avec le refte de la procedure au Procureur du Roy, lequel donnera fes conclufions diffinitives, & le Procez vû, & l'Accufé aiant été interrogé en Cham-

bre devant ses Juges, il sera procedé au jugement diffinitif du Procez.

Or comme il arrive assez souvent
qu'on doute de ce qu'est tenu un
Juge, dont la procedure aiant été
declarée nulle, faute d'y avoir observé les formalitez prescrites par
l'Ordonnance de 1670, a été re-
commencée à ses dépens par un autre Juge commis conformement à
l'Article 24. du Tit. 15. de ladite
Ordonnance : on a crû en finissant
ce petit ouvrage, qu'il ne seroit pas
inutile d'informer les Juges inferieurs
de la Jurisprudence du Parlement
à cet égard.

Le Juge dont la procedure est
declarée nulle, est tenu des frais de
la translation & reconduite de l'Accusé, de la taxe des Temoins qui
comparoissent devant le Juge commis, & des deboursés de l'Huissier
ou Sergent qui a été les assigner.

Le Juge commis ne prend aucuns
droits, ni vacations pour les der-
niers interrogatoires, soit sur la Sellette, soit derriere le Barreau ; il
ne met point d'épices sur la Sentence, s'il n'y a que le Procureur
du Roy ou Fiscal de partie ; s'il y

avoit une partie civile, ce Juge met-
troit des épices, & en ce cas le Juge depoüillé en aiant reçû, ne feroit à cet égard que rendre & ref-
tituer.

Ledit Article 24. dudit Titre 15.
veut & difpofe que le Juge qui aura
commis la nullité, foit condamné de
païer les vacations de celui qui procedera aux nouveaux devoirs : ainfi
le Juge depoüillé eft tenu de ces
vacations envers le nouveau Commiffaire, qui néanmoins à confulter
les regles d'une certaine confidera-
tion, que les Juges fe doivent reci-
proquement les uns aux autres, devroit en faire remife, mais cela
depend uniquement de la bonne vo-
lonté & honêteté du nouveau Commiffaire.

DECLARATION
DU ROY,

Contre les deffenses d'exécuter les decrets d'Ajournement personnel, & portant que le titre de l'accusation sera exprimé dans les aecrets d'Ajournement personnel.

Donnée à Versailles au mois de Decembre 1680.

LOUIS, PAR LA GRACE DE DIEU, ROY DE FRANCE ET DE NAVARRE. A tous presens & à venir, SALUT: l'application continuelle que Nous donnons à faire rendre la Justice à Nos Sujets, nous a fait reconnoître les divers préjudices qu'elle reçoit dans les Deffenses que nos Cours accordent de paſſer outre à l'execution des Decrets d'ajournement perſonnel, ſuivant l'Article quatre du Titre 26. de nôtre Ordonnance Criminelle de 1670. Ces inconveniens s'extendent à l'égard des Decrets decernés tant par les Juges Eccléſiaſtiques, que par les Juges ordinaires, en ce que leſdits Juges Eccléſiaſtiques ſe ſervant ſimplement de ces voyes pour faire venir les Accuſés, ſans ordonner les Decrets de priſe de corps; il arrive que ſans aucune connoiſſance de Cauſes & ſur toutes ſortes d'affaires, les Procedures deſdits Juges Eccléſiaſtiques ſont ſurçiſes, & que par cette ſurſéance, les Coupables demeurent ſans châtiment: l'inconvenient deſdites défenſes n'eſt pas moins grand à l'égard des Decrets decernés par les Juges ordinaires pour crime de Faux, pour malverſation d'Officiers dans l'exercice de leurs charges, ou quand c'eſt contre ceux qui ont des coaccuſés, à l'égard deſquels il y a des Decrets de priſe de corps, arrivant par ce moïen qu'avant que la Partie civile ait obtenu la levée deſ-

dites deffenses, la plufpart des preuves deperiffent ; & voulant y remedier & contribuer toûjours à ce qui
peut dependre de Nous , pour faire
rendre à Nos Sujets une prompte
juftice, SÇAVOIR FAISONS que
Nous, pour ces Caufes & autres à
ce Nous Mouvans , de Nôtre propre
mouvement, pleine Puiffance & Autorité Royale , avons Dit & Declaré, Difons, Declarons & Ordonnons
par ces Prefentes fignées de Nôtre
main , Voulons &. Nous Plaît, que
Nos Cours ne puiffent à l'avenir
donner aucuns Arrêts de deffenses
d'executer les Decrets d'ajournement
perfonnel, qu'après avoir vû les informations , lorfque lefdits Decrets
auront été decernés par les Juges
Eccléfiaftiques & par les Juges ordinaires Royaux & des Seigneurs ,
pour fauffetés , pour malverfations
d'Officiers dans l'exercice de leurs
charges, ou lors qu'il y aura d'autres
coaccufés contre lefquels il aura été
Decreté de prife de corps ; & afin
que nôtre intention puiffe être executée fans difficulté , Voulons que
les Accufés qui demanderont ainfi
des deffenses, foient tenus d'attacher

M 5.

à leur requête la copie du Decret qui leur aura été signifié; que tous Juges Royaux & des Seigneurs soient tenus d'exprimer à l'avenir dans les Ajournemens personnels qu'ils decerneront, le titre de l'accusation pour laquelle ils Decreteront, à peine contre lesdits Juges ordinaires & des Seigneurs, d'interdiction de leurs charges, & que toutes les Requêtes tendantes ainsi afin de deffenses d'executer les Decrets d'ajournement personnel soient communiquées à nôtre Procureur General, pour veiller au bien de la Justice & y faire ce qui dependera de sa charge : & d'autant que les Accusés qui auroient été Decretés d'ajournement personnel pour d'autres cas que ceux exprimez ci-dessus, pourroient prétendre que Nosdites Cours seroient obligées de leur donner des Arrêts de deffenses lorsqu'ils les en requeroient, Nous voulons & entendons que Nosdites Cours puissent refuser lesdits Arrêts de deffenses, selon que par le titre de l'Accusation il leur paroîtra convenable au bien de la Justice. Si Donnons en Mandement, &c. Donné à Versailles au

mois de Decembre mil six cent quatre-vingt, & de nôtre Regne le tren-
te-huitiéme. *Signé* LOUIS, *& plus
bas*, PAR LE ROY, *COLBERT*,
& Scellé du grand Seau de Cire
verte.

DECLARATION DU ROY,

En forme d'Edit concernant les delais des Procedures dans les defauts & contumaces.

Donnée à Saint Germain en Laye au mois de Decembre 1680.

OUIS, PAR LA GRACE DE DIEU ROY DE FRANCE ET DE NAVARRE ; A tous presens & à venir, SALUT : Nous avons été informez qu'aucuns de nos Officiers procedant au Jugement des défauts & Contumaces contre les Accusés de crimes, ont trouvé quelques difficultés dans l'explication des articles 2. 3. 7. 9. de nôtre Ordonnance du mois d'Août 1670. au titre 17. des défauts & contumaces, en ce qui regarde les lieux où la perquisition des Accusés doit être faite, & les

affignations données : Nous avons
aufli vû en plufieurs occafions divers inconveniens qui font arrivez
dans les procedures de Contumaces
faites par les Prevôts des Maréchaux,
& Officiers de Robe Courte, faute
d'avoir fait juger leur competence,
& étant important au bien de la Juftice, que ces difficultés & inconveniens ne puiffent differer la punition des crimes, Nous avons refolu
d'expliquer bien particulierement nos
intentions, enforte qu'ils ne puiffent
plus arriver à l'avenir, SçAVOIR
FAISONS que Nous, pour ces caufes, & autres à ce Nous mouvans, de
Nôtre propre mouvement, certaine
Science, pleine Puiffance, & Autorité Royale, en interprétant & ajoû-
tant aufdits articles 2. 3. 7. & 9. du
titre 17. de l'Ordonnance Criminelle du mois d'Août 1670. avons
Dit & Ordonné, Difons & Ordonnons par ces prefentes fignées de
Nôtre main, Voulons & Nous plaît
que, lors que dans les trois mois du
jour qu'un crime aura été commis,
l'Accufateur en voudra pourfuivre
& faire inftruire la contumace, la
perquifition de l'Accufé pourra être

valablement faite dans la maison où
resdoit l'Accusé, dans l'étenduë de
la Jurisdiction où le crime aura été
commis, & sera laissée copie du
Procès verbal de perquisition : il en
sera usé de même pour l'assignation
à comparoir à quinzaine, laquelle sera
aussi valablement donnée à l'Accusé
en la maison où il residoit, ainsi
que dit est, & copie aussi laissée de
l'Exploit d'assignation : & si ledit
Accusé n'a point residé dans l'étenduë de la Jurisdiction où le crime
a été commis, la perquisition sera
faite & les assignations données
suivant l'article 3. de ladite Ordonnance, titre 17. sans qu'il soit nécessaire de faire lesdites perquisitions
& lesdites assignations au lieu où
demeuroit l'Accusé avant qu'il eut
commis le crime ; à faute de comparoir dans ladite quinzaine, l'assignation à huitaine, laquelle doit être
donnée par un seul cri public, conformement à l'article 8. du même
titre, sera faite & donnée à son de
trompe suivant l'usage à la place
publique, & à la porte de la Jurisdiction où se fera l'instruction du
Procès. Si après les trois mois échûs

depuis que le crime aura été commis l'Accusateur veut poursuivre & faire instruire la Contumace, la perquisition de l'Accusé sera faite, & les assignations données au domicile ordinaire de l'Accusé, laquelle assignation sera à quinzaine, & outre ce, lui sera donné le délai d'un jour pour chacun dix lieuës de distance de son domicile jusqu'au lieu de Jurisdiction où il sera assigné : à faute de comparoir dans les delais ci-dessus, il sera crié à son de trompe par un cri public à huitaine dans le lieu de la Jurisdiction où se fera le procès, & ledit cri & proclamation affichés à la porte de l'Auditoire de ladite Jurisdiction : à l'égard de l'Accusé qui n'aura pas de domicile, soit qu'il soit poursuivi avant ou depuis les trois mois échûs, à compter du jour que le crime aura été commis, la copie du Decret, ensemble de l'Exploit d'assignation feront seulement affichés à la porte de l'Auditoire de la Jurisdiction : les Prevôts des Maréchaux voulant instruire la Contumace des Accusés contre lesquels ils auront decretez pour quelque crime que ce soit, seront tenus avant que de commencer aucune procedure pour cet effet,

de faire juger leur competence au
Siege Presidial dans le ressort duquel lesdits crimes auront été commis ; & en cas que les Accusés
soient arrêtez avant ou depuis le Jugement de Contumace, lesdits Prevôts des Maréchaux seront tenus de
faire juger de nouveau de leur competence, après que lesdits Accusés
auront été oüis en la forme portée
par l'article 19. du titre 2. de
l'Ordonnance de 1670. & ne pourra à l'avenir l'adresse d'aucune remis-
sion être faite aux Sieges Presidiaux
où la competence aura été jugée,
suivant ce qui est porté par l'article
14. de ladite Ordonnance de 1670.
au titre des remissions, que l'Accusé
n'ait été oüi lors du Jugement de la
competence, & qu'il ne soit actuellement prisonnier, & à cet effet seront le Jugement de competence
& l'acte d'Ecroüe attachez sous le
Contre-scel desdites Lettres : Si
Donnons en Mandement, &c. Donnée à St Germain en Laye au mois
de Decembre l'an de grace mil six
cent quatre-vingt, & de nôtre Regne
le trente-huitieme. *Signé* LOUIS,
& plus bas, PAR LE ROY, *COLBERT*,
& scellé du Grand Seau en Cire verte.

DECLARATION DU ROY,

Contre ceux qui aiant été Bannis,
ne gardent point leur ban.

Donnée à Versailles le 31. May 1682.

OUIS PAR LA GRACE DE DIEU ROY DE FRANCE ET DE NAVARRE; A tous ceux qui ces presentes Lettres verront, SALUT: Nous avons été informez que la pluspart des voleurs & autres gens de mauvaise vie qui ont été repris de Justice & bannis, n'étant pas intimidés par cette peine, non-seulement retournent dans les Païs & lieux d'où ils ont été chassez, mais continuent à vivre dans les mêmes crimes, à quoi ils sont excités par le relachement des Juges qui n'ont pas exercé à leur égard le châtiment severe qu'ils ont encouru, suivant les anciennes

Ordonnances ; & d'autant que Nous ne pouvons prendre trop de foin pour affurer le repos de nos fujets , & leur donner moïen de vacquer à leur commerce en liberté, Nous avons refolu d'y pourvoir : A Ces Causes & autres à ce Nous mouvans, de Nôtre certaine fcience , pleine Puiffance & Autorité Royale , Nous avons par ces prefentes fignées de Nôtre main , Dit , Declaré & Ordonné , Difons, Declarons & Ordonnons, Voulons & Nous plaît, que ceux qui ont été bannis par Sentence Arbitrale ou Jugement Prefidial rendu en dernier reffort , & qui feront repris , quand même ce ne feroit que faute d'avoir gardé leur ban feulement , foient condamnez aux Galeres , fans qu'il foit dans la liberté des Juges de moderer cette peine , mais bien de l'arbitrer à temps ou à perpetuité felon qu'ils eftimeront à propos : & quant à ceux qui auront été bannis par des Arrêts de nos Cours, & qui feront pareillement répris pour n'avoir gardé leur ban , nous laiffons à nosdites Cours, & autres Juges aïans pouvoir de juger en dernier reffort, la liberté d'or-

donner de leur châtiment , eu égard
à la qualité des crimes pour lesquels
ils auront été bannis , & à la condition des personnes ; Voulons au
surplus que les Ordonnances contre
les vagabonds & gens sans aveu
soient exécutées selon leur forme
& teneur : Si Donnons en
Mandement à nos Amés &
feaux les gens tenans nôtre Conseil
Provincial d'Artois, que ces presentes
ils aïent à faire registrer, & icelles
exécuter selon leur forme & teneur ;
Car Tel est Nôtre Plaisir.
En temoin de quoi nous avons fait
mettre nôtre Scel à cesdites presentes données à Versailles le trente
uniéme jour de May l'An de Grace
mil six cent quatre-vingt-deux , & de
nôtre Regne le quarantiéme, *Signé*
LOUIS , & sur le repli par le
Roy, Le Tellier, & Scellé du
Grand Seau de Cire jaune.

ARRÊT
DU CONSEIL D'ETAT
DU ROY,

Du deux Novembre 1700.

Portant Reglement pour les Bailliages de la Province d'Artois.

Extrait des Regiſtres du Conſeil d'Etat.

VEU par le Roy en ſon Conſeil l'Arrêt rendu en icelui le 22. May 1694. ſur la Requête de Charles Paul de la Motte, Ecuyer, Seigneur du Tronquoy, Grand Bailly Héréditaire de la Ville d'Heſdin, tendante entre autres choſes à ce qu'il fut maintenu & conſervé ès Droits honorifiques, prerogatives & fonctions de ſa Charge : ce faiſant, qu'il ſoit ordonné, &c. Oüi le Rapport du Sieur de Breteüil Conseiller d'Etat Ordinaire, Intendant des Finances, LE ROY EN SON CONSEIL a ordonné & ordonne que la Justice sera renduë en matiere Civile & Criminelle dans les Bailliages & Gouvernances d'Artois, à la Conjure des Grands Baillis, & en leur absence à la Conjure des Lieutenans Generaux.

Les Sentences & Jugemens en matiere Civile seront rendus à la Conjure du Grand Bailli par trois Juges; sçavoir le Lieutenant General, le Lieutenant Particulier, l'Avocat, ou le Procureur du Roy, comme hommes de Fiefs preferablement à tous autres; & à cet effet ceux desdits Lieutenans Generaux & particuliers, Avocats & Procureurs du Roy qui ne sont point hommes de Fiefs, seront tenus de se faire recevoir en leur Siege en ladite qualité, en la maniere accoutumée, dans trois mois du jour de la publication du present Arrêt, à l'Audience desdits Sieges; sinon & à faute de ce faire & ledit temps passé, Sa Majesté leur fait très-expresses deffenses de faire aucune fonction de juges.

Les Sentences & Jugemens en matiére Criminelle feront rendus par cinq Juges, à la conjure du Grand Bailli; fçavoir, par les Lieutenans Generaux & les Lieutenans Particuliers où il y en a d'établis; & pour remplir le nombre de cinq Juges, le Grand Bailli convoquera des Hommes de Fiefs à leur tour, en preferant néanmoins les gradués à ceux qui ne le font pas. En cas de legitime empêchement de la part des Lieutenans Generaux ou Particuliers, Avocats & Procureurs du Roy, il fera convoqué en leurs places par les Grands Baillis le nombre fuffifant d'Hommes de Fiefs, pour rendre lefdites Sentences & jugemens.

Les Requêtes & autres Procedures feront adreffés dans chaque Siege, au Grand Bailli, Lieutenant General & Hommes de Fiefs, & feront lefdites Requêtes reponduës en prefence du Grand Bailli par le Lieutenant General en la Chambre du Confeil avec les autres Officiers, ou Hommes de Fiefs.

Le difpofitif de toutes les Sentences & jugemens qui feront rendus efdits Sieges, commencera en

ces termes : Les Lieutenant General
& autres Hommes de Fiefs jugeans
à la conjure du Grand Bailli, ont
ordonné : & en l'abſence des Grands
Baillis, toutes leſdites Sentences &
Jugemens ſeront intitulez du nom des
Lieutenans generaux, & le diſpoſi-
tif commencera en ces termes : Les
Hommes de Fiefs jugeans à la conjure du Lieutenant general, ont ordonné.

Les Grands Baillis commettront
les Lieutenans Generaux pour vacquer ſeuls aux informations, & en
cas d'abſence, maladie ou empêchement legitime deſdits Lieutenans
generaux, les Grands Baillis nommeront en leur Lieu & Place le
Lieutenant particulier, ou un Homme de Fief gradué, preferablement
aux non gradués.

Les Interrogatoires, Recolemens,
Confrontations. & autres actes d'inſtruction en matiere Criminelle, ſe
feront par les Lieutenans generaux
à ce commis, par les Grands Baillis & un autre Homme de fief gradué pareillement commis par leſdits
Grands Baillis, auſquels actes il ſera procedé en leur preſence, & ſe-

ront intitulez de leur nom , de celui des Lieutenans generaux & Hommes de fiefs.

Les Grands Baillis nommeront pareillement les Commiſſaires pour faire les inſtructions Civiles, ſçavoir : les Lieutenans generaux , Avocats & Procureurs du Roy par preference à tous autres Hommes de fiefs, leſquels vacqueront ſeuls aux enquêtes ; & les autres actes ſe feront en preſence des Grands Baillis, & feront intitulez de leurs noms, enſemble de celui des Lieutenans generaux & Hommes de fiefs comme deſſus

Toutes les Procedures qu'il conviendra faire pour l'execution des Commiſſions émanées du Parlement & autres Cours, & des Sieges ſuperieurs, ſeront faites par les Lieutenans generaux à ce commis par les Grands Baillis; & en l'abſence des Lieutenans generaux, par l'un des autres Officiers, ou à leur defaut par les Hommes de fiefs pareillement commis par les Grands Baillis.

Les Grands Baillis recevront les Sermens & Affirmations des parties, tant à l'Audience qu'en la Chambre
du

du Conseil, & feront les Adjudica-tions, Ventes & Baux judiciaires des Biens faifis réellement avec les Lieutenans generaux, Officiers & Hommes de fiefs defdits Sieges.

Les Grands Baillis feront la dif-tribution des Procez Civils & Cri-minels tous les premiers jours d'Au-dience de chaque mois; fçavoir: celle des Procez Civils, entre le Lieutenant general & les autres Of-ficiers; & celle des Procez Crimi-nels, entre ledit Lieutenant general & quatre autres Hommes de fiefs gradués.

Les Lieutenans generaux pronon-ceront les jugemens à l'Audience, parapheront le plumitif & figneront les minutes des Procez par écrit dans les Bailliages, où les Grands Baillis ne feront point graduez.

Les Epices feront partagées égale-ment entre les Grands Baillis, Lieu-tenans generaux & autres Hommes de fiefs.

Les Exécutoires de dépens feront decernez par les Lieutenans gene-raux & autres Hommes de fiefs à la conjure des Grands Baillis.

Ordonne Sa Majefté que l'Arrêt

de son Conseil du 17. Février 1699.
sera executé : ce faisant, que les
Grands Baillis scelleront tous les jugemens & autres actes qui se scel-
loient avant l'Edit de création des
Offices de Conseillers Gardes-Scels,
& que lesdits Grands Baillis en per-
cevront les droits.

Les informations de vies & mœurs
de ceux qui se presenteront pour
être reçûs dans les offices dont ils
seront pourvûs, seront faites par les
Lieutenans generaux à ce commis
par les Grands Baillis, & la Sentence renduë par lesdits Lieutenans
generaux & autres Hommes de fiefs
à la conjure du Grand Bailli, entre
les mains duquel les pourvûs prêteront le serment.

Les Saisines seront accordées par
les Lieutenans generaux & autres
Hommes de fiefs, à la conjure des
Grands Baillis.

Les Sentences qui interviendront
sur la verification des aveus, seront
renduës par les Lieutenans generaux & autres Hommes de fiefs à
la conjure que dessus.

Maintient Sa Majesté le Grand
Bailli d'Aire dans le droit de decer-

ner les Mandemens pour la délivrance des deniers confignés à ceux qui feront utilement colloquez par les fentences d'ordre & diftribution, fans que le Receveur des Confignations puiffe faire aucun païement qu'en confequence defdits Mandemens, à peine de païer deux fois.

Fait Sa Majefté deffenfes aux Officiers du Bailliage d'Aire, & tous autres de faire païer aux Adjudicataires des biens adjugés par decret, aucunes fommes fous prétexte de denier à Dieu. Ordonne que ce qui en a été reçû depuis le premier Janvier 1693. fera délivré à l'Hôpital de la Ville d'Aire, à ce faire les depofitaires contraints à la diligence du Procureur du Roy que Sa Majefté commet à cet effet.

Les Regiftres des Controlles, des Exploits & Actes des Notaires feront paraphés par les Lieutenans generaux des Sieges.

L'inftruction des Procez contre les Fauxfauniers & les Contrevenans aux droits des Traites, appartiendra aux Juges établis à cet effet dans les Villes d'Hefdin & Bapaume.

Les Comptes de l'Hôpital de la

Ville d'Hesdin seront rendus au Grand Bailli, Lieutenant general, Avocat & Procureur du Roy, au Curé de la Paroisse, aux Chanoines de la Collegiale, & aux Maire & Eschevins.

Les Clefs de la Maison du Bailliage & Chambre du Conseil d'Aire resteront entre les mains du Concierge, & celles du Greffe en celles du Greffier qui sera tenu de faire ses expeditions dans le Greffe.

Les assemblées extraordinaires des Officiers des Bailliages pour ceremonies ou autres choses, seront convoquées par les Grands Baillis.

Les Chambres & Lieux dependans de la Maison du Bailliage d'Aire qui ne servent pas à l'exercice de la justice, seront affermez par les Grand Bailli, Lieutenant general, Officiers & autres Hommes de fiefs, au plus offrant & dernier encherisseur; & seront tenus ceux qui ont reçû les Loïers desdits Lieux depuis le premier Janvier 1693. d'en rendre compte aux Officiers & Hommes de fiefs dudit Bailliage.

Ordonne Sa Majesté, que son Ordonnance du 19. Août 1700. sera executée, ce faisant, qu'en toutes Proceſſions & autres ceremonies publiques les Grands Baillis d'Arras, St. Omer, Aire, Bethune, Bapaume & Heſdin, & les Officiers deſdits Bailliages auront rang & ſéance immediatement après le Gouverneur de la Place, ou en ſon abſence de celui ſeulement qui ſe trouvera y commander, & avant tous autres : comme auſſi leſdits Grands Baillis joüiront dans les Egliſe Paroiſſiales des Droits honorifiques immediatement après le Gouverneur de la Place, ou de celui ſeulement qui y commandera en ſon abſence, ſans néanmoins que les Grands Bailiis puiſſent prétendre dans leſdites Egliſes Paroiſſiales, de Places ſeparées de celles deſtinées au corps deſdits Bailliages.

Ordonne pareillement Sa Majeſté que les conteſtations concernant la Perceptions des droits des Fermes appartenans aux Villes & Eſtats d'Artois, ſeront jugées ainſi qu'elles l'ont été par le paſſé, par les Lieutenans generaux & autres Hommes de Fiefs, à la conjure deſdits Grands Baillis.

Et sur la demande à fin de rapport & de reformation des provisions desdits Lieutenans generaux; hors de Cour.

Et sera le present Arrêt, lû & publié aux Sieges des Gouvernances & Bailliages d'Artois, l'Audience tenant; & enregistré dans les Regiftres d'iceux, pour être exécuté felon fa forme & teneur. Fait au Conseil d'Etat du Roy tenu à Fontainebleau le deuxieme jour de Novembre mil fept cent. *Signé* DE LAISTRE, avec Paraphe & Collationné.

DECLARATION
DU ROY,

Portant qu'en tòus Procés qui se poursuivront soit pardevant les Juges des Seigneurs, ou les Juges Royaux subalternes ou dans les Cours, qui auront été reglés à l'extraordinaire, & instruits par Recolement & Confrontation, les Accusez seront entendus par leur bouche dans la Chambre du Conseil derriere le Barreau, lorsqu'il n'y aura pas de conclusions ou de condamnations à peines afflictives.

Donnée à Versailles, le 13. Avril
1703.

OUIS par la grace de D I E U, Roy de France & de Navarre. A tous ceux qui ces prefentes Lettres verront, S A L U T,

Nous avons ordonné par nôtre Déclaration du douze Janvier 1681. qu'en tous les Procés criminels qui fe pourfuivront pardevant les Juges des Seigneurs ou les Juges Royaux fubalternes ou dans Nos Cours, qui avoient été reglés à l'Extraordinaire, & inftruits par Recolement & Confrontation, les Accufez feroient entendus par leur bouche dans la Chambre du Confeil derriere le Barreau, lorfqu'il n'y auroit pas de conclufions à peines afflicti-ves, ce que Nous aurions principalement ordonné pour remedier à un abus qui s'étoit introduit dans Nôtre Parlement de Grenoble, & dans les Sieges de fon reffort, de ne pas entendre les Accufez lorfqu'il n'y auroit pas de condamnations des premiers Juges, ou de conclufions à peines afflictives, aiant été depuis informé que le même abus s'eft introduit dans quelques autres de

Nos Cours, & dans les Jurisdictions en dependantes: ce qui auroit donné lieu à plusieurs instances en cassation en Nôtre Conseil contre differens Arrêts, par lesquels sur le fondement d'Usages aussi abusifs, ou sous prétexte que Nôtre Déclaration de 1681. ne regardoit que Nôtre Parlement de Grenoble & les Sieges de son ressort, on auroit condamné les Accusez sans les entendre; & comme rien n'est plus contraire à Nôtre intention & même à l'esprit de Nôtre Ordonnance ·de de 1670. qui n'a jamais été de priver les Accusez dans aucuns cas du droit naturel qu'ils ont de se deffendre par leur bouche, ni d'ôter aux Juges les moïens de s'éclaircir par les voyes des circonstances, des actions qui se poursuivent extraordinairement, Nous avons resolu de remedier à ce désordre par une Déclaration generale qui soit exécutée dans toute l'étendüe de Nôtre Royaume.

A CES CAUSES & autres à ce Nous mouvans, de Nôtre certaine Science, pleine Puissance & Autorité Royale, Nous avons Dit, De-

claré & Ordonné, Difons, Declarons & Ordonnons par ces Préfentes fignées de Nôtre main, Voulons & Nous plait que nôtre Déclaration du douze Janvier 1681.
foit exécutée fuivant fa forme &
teneur dans tout Nôtre Royaume,
& en confequence en expliquant &
interprêtant en tant que befoin feroit l'Art. 21. du Tit. 14. de nôtre
Ordonnance de 1670. Qu'en tous
les Procés qui fe pourfuivront, foit
pardevant les Juges Royaux fubalternes, ou dans nos Cours qui auront été reglés à l'extraordinaire, &
inftruits par Recolement & Confrontation, les Accufez feront entendus par leur bouche dans la Chambre du Confeil derriere le Barreau,
lorfqu'il n'y aura pas de conclufions, ou de condamnations à peines
afflictives. Ce faifant, Avons abrogé
& abrogeons tous ufages à ce contraires, ledit Art. 21. du Tit. 14.
de nôtre Ordonnance de 1670.
fortiffant au furplus fon plein &
entier effet. SI DONNONS EN MAN-
DEMENT, à nos amez & feaux
Confeillers les Gens tenans nôtre
Confeil Provincial d'Artois, Baillis,

Senechaux & autres nos Officiers qu'il appartiendra, que ces Presentes ils aient à faire lire, publier & regiſtrer, & du contenu en icelles garder, & obſerver ſans y contrevenir, ni permettre qu'il y ſoit contrevenu en quelque ſorte & maniere que ce puiſſe être. CAR TEL EST NÔTRE PLAISIR. En Témoin dequoi Nous avons fait metter Nôtre ſcel à ceſdites Preſentes. Donné à Verſailles le treiziéme jour du mois d'Avril l'an de grace 1703. & de nôtre Regne le ſoixantiéme. *Signé* LOUIS, & ſur le repli Par LE ROY, CHAMILLART, & ſcellé du grand Sçeau de Sa Majeſté en Cire jaune.

FIN.

TABLE

DES TÎTRES

ET

MATIERES

CONTENUS

EN CE LIVRE.

O

TABLE

TABLE.

TABLE.

TABLE.

TABLE.

TABLE.

FIN DE LA TABLE.

PRIVILEGE DU ROY.

OUIS PAR LA GRACE DE DIEU, Roy de France & de Navarre, A nos amez & feaux Conseillers les Gens tenans nos Cours de Parlement, Maîtres des Requêtes de nôtre Hôtel, Grand Conseil, Prevôt de Paris, Baillifs, Sénéchaux, leurs Lieutenans Civils & autres, nos Justiciers qu'il appartiendra : SALUT. Nôtre cher & bien amé le Sr. PIERRE J. DE LYS, Commis Sermenté pour le Criminel en nôtre Conseil Provincial & Souverain d'Artois; Nous ayant fait remontrer qu'il souhaiteroit faire imprimer & donner au Public un Ouvrage qui a pour Tître *Instruction de la Procedure Criminelle, contenant le Modéle de toutes*

*fortes de Devoirs & Procez Verbaux
conformement à l'Ordonnance de 1670.
par ledit Sr. de Lys*, s'il Nous plai-
foit lui accorder nos Lettres de
Privilege fur ce neceffaires ; offrant
pour cet effet de le faire imprimer
en bon papier & beaux caracteres,
fuivant la feuille imprimée, & attachée pour modéle fous le contrefcel
des préfentes. A CES CAUSES, voulant traiter favorablement ledit Sr.
Expofant, Nous lui avons permis,
& permettons par ces préfentes de
faire imprimer ledit Ouvrage cy-
deffus fpecifié, conjoinctement ou
feparement, & autant de fois que bon
lui femblera, fur papier & caracteres conformes à ladite feüille imprimée, & attachée fous nôtredit contrefcel, & de le faire vendre &
debiter par tout nôtre Royaume
pendant le tems de fix années con-
fecutives à compter du jour de la
datte defdites préfentes ; Faifons dé-
fenfes à toutes fortes de perfonnes
de quelque qualité & condition
qu'elles foient, d'en introduire
d'impreffion étrangere dans aucun
lieu de nôtre obéiffance : comme auffi à tous Libraires, Imprimeurs & autres, d'imprimer, faire

imprimer, vendre, faire vendre, debiter, ni contrefaire ledit Ouvrage cy-deſſus expoſé, en tout, ni en partie, ni d'en faire aucuns Extraits ſous quelque pretexte que ce ſoit; d'augmentation, correction, changement de Titre, même en feüilles ſeparées ou autrement, ſans la permiſſion expreſſe & par écrit dudit Sr. Expoſant, ou de ceux qui auront droit de lui, à peine de confiſcation des Exemplaires contrefaits de trois mille livres d'amende contre chacun des contrevenans, dont un tiers à nous, un tiers à l'Hôtel-Dieu de Paris, l'autre tiers audit Sr. Expoſant, & de tous depens, dommages & interêts; à la charge que ces préſentes ſeront enregiſtrées tout au long ſur le Regiſtre de la Communauté des Libraires & Imprimeurs de Paris, dans trois mois de la date d'icelles. Que l'impreſſion de cet Ouvrage ſera faite dans nôtre Royaume, & non ailleurs; & que l'Impetrant ſe conformera en tout aux Reglement de la Librairie, & notamment à celui du dixiéme Avril 1725. & qu'avant que de l'expoſer en vente, le Manuſcrit, ou Imprimé qui aura ſervi de copie à

l'Impreſſion dudit Ouvrage , ſera
remis dans le même état ou l'Approbation y aura été donnée és mains
de nôtre tres-cher & feal Chevalier
Garde des Sceaux de France , le
Sieur CHAUVELIN; & qu'il en ſera
enſuite remis deux Exemplaires dans
nôtre Bibliotheque publique , un dans
celle de nôtre Chateau du Louvre,
& un dans celle de nôtredit très-
cher & feal Chevalier Garde des
Sceaux de France , le Sieur CHAU-
VELIN : le tout à peine de nullité
des Préſentes : du contenu deſquelles
vous mandons & enjoignons de faire
joüir ledit Sr. Expoſant , ou ſes
ayant cauſe , pleinement , & paiſi-
blement , ſans ſouffrir qu'il leur ſoit
fait aucun trouble , ou empêchement:
Voulons que la copie deſdites Préſentes , qui ſera imprimée tout au
long au commencement , ou à la fin
dudit Ouvrage , ſoit tenuë pour
duëment ſignifiée , & qu'aux copies
collationnées par l'un de nos amez
& feaux Conſeillers & Secretaires,
foy ſoit ajoûtée comme à l'Original.
Commandons au premier nôtre
Huiſſier ou Sergent , de faire pour
l'exécution d'icelles , tous Actes requis & neceſſaires , ſans demander

autre permiſſion, & nonobſtant clameur de haro, charte-Normande,
& Lettres à ce contraires : Car tel
eſt nôtre plaiſir. Donne' à Verſailles le neufviéme jour du mois de
Mars, l'an de grace mil ſept cent
trente-ſix ; & de nôtre Regne le
vingt-unieſme. Par le ROY en ſon
Conſeil. *Signé* Sainson. Avec grille
& paraphe, & ſcellé du grand
Seau de ſa Majeſté, en Cire jaune.

*Regiſtré ſur le Regiſtre IX. de la Chambre
Royale & Syndicale des Libraires & Imprimeurs de Paris. N° 254. fol. 232. conformément au Reglement de 1723. Qui fait defen-
ſes Art. 4. à toutes perſonnes de quelque qualité, condition qu'elles ſoient, autres que les
Libraires & Imprimeurs, de vendre, debiter,
& faire afficher aucuns Livres pour les vendre en leurs noms, ſoit qu'ils s'en diſent les
Auteurs ou autrement ; & à la charge de
fournir à ladite Chambre Royale & Syndicale des Libraires & Imprimeurs de Paris,
les huit Exemplaires preſcrits par l'Art. 108.
du même Reglement. A Paris le onze Mars
1736. Signé G. Martin, Syndic, avec l'a-
raphe.*

J'ai aſſocié au préſent Privilege Loüis-
François Barbier, Libraire, pour faire impri-
mer l'Ouvrage Intitulé, *Inſtruction de la
Procédure Criminelle*, &c. Suivant les con-
ventions faites entre nous : A Arras ce 13
Avril 1736. De Lys.

ERRATA.

Page 6. ligne 7. quoi faisans, *lisez* quoi faisant.

Pag. 9. lig. 6. pag. 12. lig. 12. ou étans, *lisez* ou étant.

Pag. 13. lig. 26. l'homicide, *lisez* l'homicidé.

Pag. 14. ligne 7. raport, *lisez* rapport.

Pag. 16. lig. 5. croians, *lisez* croiant, lig. derniere, comparus, *lisez* comparu. Idem à la pag. 19. lig. 8. lig. 11. & pag. 21. lig. 6. demeurant, *lisez* demeurans. lig. derniere comparus, *lisez*, comparu.

Pag. 29. lig. 2. & affigné, *lisez* & a figné.

Pag. 44. ligne premiere, fize, *lisez* fis : lig. 26. fignifie, *lisez* fignifié.

Page 45. lig. 2. demeurant, *lisez* demeurans.

Pag. 73. lig. 14. de ne *lisez* de nous

Pag. 52. lig. 13. pag. 53. lig. 8. refultant, *lisez* refultans.

Pag. 57. lig. 7. refultant, *lisez* refultantes.

Pag. 102. lig. 12. pag. 116. lig. 8. comparus, *lisez* comparu.

Pag. 106. Chapitre VII. *lisez* Chapitre VIII.

P

Pag. 124. lig. 16. auta, *lisez* aura.

Pag. 147. lig. 8. quelqu'unes, *lisez*
quelques unes.

Pag. 168 lig. penultiéme, demeurant, *lisez* demeurans.

Pag. 171 lig. 9. avant proceder,
lisez avant que de proceder.

Pag. 203. ligne 16. mitation,
lisez imitation.

Pag. 234. lig. 16. comparus, *lisez*
comparu.

Pag. 279. lig. 10. de jurisdiction,
lisez de la jurisdiction.

Pag. 287. lig. 2. & 9. jugeans,
lisez jugeant.

www.ingramcontent.com/pod-product-compliance
Lightning Source LLC
LaVergne TN
LVHW021130050726
842519LV00002B/369